よくわかる

サービス提供責任者の

お仕事入門

八木裕子・黒澤加代子・奈良環　編著

中央法規

はじめに

　在宅サービスにおける「サービス提供責任者（サ責）」の役割はまだまだ知られていない現状があります。地域包括ケアシステムおよび地域共生社会の構築や医療と介護の連携において、住み慣れた地域で過ごされている方々の生活をサポートする訪問介護は、重要な役割を担っています。そして、訪問介護は、その中核として働くサ責によって大きく左右されます。なぜなら、サ責の質が上がれば、自ずとヘルパーの質も上がり、利用者の生活を支える力も向上するからです。

　介護福祉士の資格保有者は、明日からサ責の職務に就かれる方も少なくないと思われます。しかし、研修制度のないサ責が、十分な研修を積んだ多職種と同じ土俵でチームケアを展開していくことは簡単なことではありません。また、サ責自身がその職務の内容や責任の重要性を理解していない場合も見受けられます。加えて、昨今のヘルパーの人材不足は深刻で、ますますサ責に求められる役割の大きさとその期待は膨らむ一方といえます。
　こうした課題を乗り越え、訪問介護に向けられる熱い期待に応えるためにも、今こそ、サービス提供責任者の質の向上が必要なのです。そして、介護職の専門性を発揮し、多職種と一丸となって、地域包括ケアを展開していくことが求められているのです。

　2018（平成30）年報酬改定に伴う老計第10号の改正で、「自立生活支援・

重度化防止の視点での見守り的援助」が謳われました。これは単に「やってあげる」のではなく、利用者の自立を後押しする観点から安全に配慮しつつ、寄り添って「共に行なう」支援を指します。これこそ、ヘルパーは「家事代行のお手伝いさん」ではなく、介護の専門性を発揮し、根拠を持って支援を行なっていける部分ではないでしょうか。

　ここで力を発揮できるサ責となるために必要な知識を本書に盛り込みました。なるべく可視化できるように図表やイラストもたくさん入れました。本書が、日々、多種多様な役割をこなし、奮闘している皆さんの専門性の向上や自信につながれば、こんなに嬉しいことはありません。

「サービス提供責任者は、なんでもこなすスーパーマンだ！」
　私にそう言ってくださった利用者や家族、他の職種の方がいます。それも一人からではなく、多くの方からです。そんなふうに言ってもらえる職種に誇りを持って明日からの仕事も頑張っていきましょう。

　最後に、本書の制作にあたり、介護福祉士養成校の先生方、現場のサービス提供責任者の皆さん、そして、背中を押してくださった中央法規出版の中村強さんのご尽力に深く感謝申し上げます。

2020 年 3 月
著者を代表して　**黒澤加代子**

CONTENTS

コラム

凡例

1. 本文中、以下の法令については、「　　」内の略語を用います。

　指定居宅サービス等の事業の人員、設備及び運営に関する基準（平成11年厚生省令第37号）…**「運営基準」**

　指定居宅介護支援等の事業の人員及び運営に関する基準（平成11年厚生省令第38号）…**「居宅介護支援の運営基準」**

　指定居宅サービス等及び指定介護予防サービス等に関する基準について（平成11年9月17日老企第25号）…**「老企第25号」**

2. 本文中、以下の用語については、「　　」内の略語を用います。

　サービス提供責任者…**「サ責」**

　訪問介護員…**「ヘルパー」**

　介護支援専門員…**「ケアマネ」**

　居宅サービス計画…**「ケアプラン」**

　サービス担当者会議…**「担当者会議」**

第 **1** 章

基本業務の理解

1 訪問介護の歴史

ホームヘルプサービスの歴史

 私たちが従事している訪問介護が現在に至るまでには深く長い歴史があります。

原点はスイスなどで実施されていた低所得や病気・障害、その他のさまざまな理由によって日常生活を営むのに支障がある家庭を援助するサービスである家庭奉仕員制度によるホームヘルプサービスです。日本では 1950 年代後半、全国に先駆けいくつかの自治体が在宅老人福祉事業としてホームヘルパーの派遣を開始しました。高度経済成長期であった 1962（昭和 37）年、老人福祉法において老人家庭奉仕員派遣事業として国庫補助の対象となりました。

1982（昭和 57）年には市町村社会福祉協議会等の事業としてホームヘルプサービス派遣事業として開始されました。

当時の厚生省の通知文には「今後の高齢化社会において増大が予測される寝たきり老人等の介護ニーズに弾力的に対応し、これらの老人の在宅生活援護体制を確立するため、その中核となるホームヘルプサービスについて広く社会資源の活用を積極的に図る」とあり、当時から、在宅介護の中核は訪問介護であることがわかります。

日本における介護サービス制度

　わが国では家庭奉仕員の主な担い手は未亡人等で、主婦なら誰でもできる仕事と考えられてきました。

こうした偏った一面的な考え方が、現在の訪問介護における社会的評価に色濃く残っています。しかし、実際の仕事は厳しく、さまざまな知識や配慮が必要であり、困難な仕事であることから研修の必要があるとして社会福祉サービスに位置づけられてきた経緯があります。

1995（平成7）年、わが国の高齢化率が約 15% となり、介護保険制度開始の 2000（平成 12）年までにさまざまな議論がされてきました。その間に高齢者を支えていた福祉サービスが措置制度です。各自治体等の行政の判断で利用者が希望しているサービスの利用可否や、実際に利用すべきサービスを決定するというものでした。この制度下では、利用者に選択の権限はなく、行政の選択でサービスが提供されていましたが、介護保険制度からは「利用者が選択できる契約制度」と変更されました。

このように歴史を辿ると現在のあり方が見えてきます。

図表 1-1　訪問介護の歴史

西暦	和暦	出来事
1956年	昭和31年	家庭養護婦派遣事業開始
1962年	昭和37年	老人家庭奉仕員派遣事業創設
1963年	昭和38年	老人福祉法制定
1970年代	昭和45〜54年	措置制度のなかでさまざまな変革が行なわれた
1982年	昭和57年	老人保健法制定
1987年	昭和62年	社会福祉士及び介護福祉士法制定
1995年	平成7年	訪問介護員養成研修制度開始
1997年	平成9年	介護保険法成立
2000年	平成12年	介護保険制度施行

　介護保険制度は利用者が選択できる契約制度です

2 訪問介護の担い手

介護の担い手としての資格

　　　家庭奉仕員制度からの変遷のなかで、研修の実施が求められてきました。その後の措置制度では都道府県の指定する旧ホームヘルパー2級資格（公的資格）取得が必須となりました。介護の必要性や将来の不安から資格取得者が増大し、量的な拡大が図られる一方で、2005（平成17）年、厚生労働省は介護の資格について介護福祉士の一本化を打ち出しました。しかし、需要に対し供給が追い付いておらず、旧2級以上のホームヘルパーの需要は依然として高い現状にあります。

　現在も少子高齢化の影響による需要と供給のバランスから、介護の担い手における資格整備は過渡期にあるといえます。それゆえに介護の専門性の確立と専門職としての役割を担っていく人材育成が求められています。

　特に訪問介護では、その業務に従事できるのは有資格者のみと限定されていることから、在宅サービスで担う役割は大きく、専門性が求められます。

日本における介護の資格

　　　以前は、「ホームヘルパー養成研修」や「介護職員基礎研修」、「介護福祉士」などさまざまな資格や研修が存在していました。国としては、『介護職において優秀な人材をより多く育成する』ことを目的として、2013（平成25）年の介護保険法施行規則改正で介護資格制度を

見直し、介護キャリアパスが明確化されました。その際「ホームヘルパー2級」が「初任者研修」へと名称が変わりました（ホームヘルパー1級、介護職員基礎研修は廃止）。

　2015（平成27）年からは、各自治体が行なう介護予防・日常生活支援総合事業担い手研修が開始、2018（平成30）年からは、生活援助従事者研修（基本的な介護業務のうち生活援助に関する知識と技術を習得）と入門的研修（介護の基礎的な知識と技術を習得）が開始され、介護職員（ヘルパーも含む）に求められる資格が、より細分化したキャリアアップの道筋が描かれました。

　「介護福祉士」は介護における唯一の国家資格であり、介護福祉士を目指すには養成校を卒業するか、「実務者研修」を修了し、国家試験を受験する必要があります。そして、サービス提供責任者は、介護福祉士資格が必須の唯一の職種でもあるので、キャリアを重ねていくことが大切です。

図表 1-2　介護職と資格

資格名	養成時間	開始・廃止
ホームヘルパー3級	50 時間	2009 年廃止
ホームヘルパー2級	130 時間（実習あり）	2012 年廃止
ホームヘルパー1級	450 時間	2012 年廃止
介護職員基礎研修	500 時間 （旧ホームヘルパー資格により免除あり）	2006 年開始 2012 年廃止
初任者研修	130 時間 （実習なし、評価テストあり）	2013 年開始
実務者研修	450 時間	2013 年開始
生活援助従事者研修	59 時間	2018 年開始
入門的研修	21 時間（基礎のみ3 時間）	2018 年開始
総合事業担い手研修	各自治体により異なる	2015 年開始
介護福祉士	2017 年度より実務者研修修了者および養成校修了者のみ国家試験の受験対象	1989 年開始

ここがポイント サ責になれるのは、介護福祉士、実務者研修修了者、（旧課程）ホームヘルパー1級課程修了者です

3 訪問介護の役割

介護職としての訪問介護

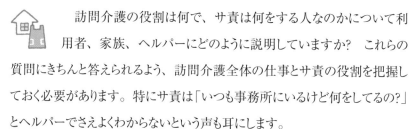

　　　　訪問介護の役割は何で、サ責は何をする人なのかについて利用者、家族、ヘルパーにどのように説明していますか？　これらの質問にきちんと答えられるよう、訪問介護全体の仕事とサ責の役割を把握しておく必要があります。特にサ責は「いつも事務所にいるけど何をしてるの?」とヘルパーでさえよくわからないという声も耳にします。

　介護の仕事は多様であり、各職種の役割も立場も異なります。

　ヘルパーは、利用者の自宅でサービスを展開し、家政婦と比較されるなど、自分は介護職である、という認識が薄い現状がありますが、他の職種からすればヘルパーは立派な介護職であり、介護の視点、役割が求められています。介護職としての意識と視点を持ってサービス提供を行なうことが基本であることを認識しましょう。

　理解や共感するのが難しい利用者であっても、「分け隔てなく向き合おう」「少しでも理解しよう」「伴走しよう」とするその姿勢が介護の専門性として評価されていることを忘れないでください。

在宅サービスとしての訪問介護

　　　　実習生や新任のヘルパーによく問うのは、施設サービスと在宅サービスの違いは何か？　ということです。

　施設サービスは、入所者に対して、同一の空間で施設のルールに沿って介護を提供します。

　一方で、在宅サービスの大きな特徴は、地域に住んでいる利用者の自宅で提供するということです。そして、自宅で過ごすことは特別なことでなく当たり前のことです。その当たり前の生活に入り込むことを許され、事細かなサービスを展開できるのが訪問介護なのです。

　訪問介護は利用者に合わせてヘルパーが変幻自在に対応し、主役を利用者とする1対1の究極のサービスです。自宅がどのような空間で、普段どこに何を置いているのか、どこで何を買って、何が好きなのか、何を食べているのか？　こうした細かな生活のことがわかるのはヘルパーの特権です。また、「いつもと違う」ささいなことに気づき、サ責に報告するという大切な役割があります。これは、家に入り、一番近くで利用者にかかわるからこそわかることでもあるのです。

　利用者が住み慣れた自宅で過ごせるようサポートするなかで、どのような気持ちで過ごしているかを知り、月日がたち施設入所を決断しなければならなくなった時にも、そのギリギリの限界までの葛藤をも目の当たりにし、寄り添うのが訪問介護です。そうした利用者の心情や人生を理解できるのも1対1のサービスだからこそだといえるでしょう。

　訪問介護は老企第25号にもあるように、身体介護、生活援助だけを提供するのではなく、利用者の生活全般を総合的に支援することが求められています。生活状況の把握は訪問介護の専門分野です。

ここがポイント　訪問介護とは何か、をきちんと説明できる必要があります

4 サービス提供責任者の役割

サ責とは

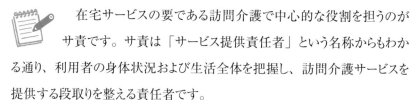
在宅サービスの要である訪問介護で中心的な役割を担うのがサ責です。サ責は「サービス提供責任者」という名称からもわかる通り、利用者の身体状況および生活全体を把握し、訪問介護サービスを提供する段取りを整える責任者です。

サ責はヘルパーのリーダーでもあり、ヘルパーの業務内容を管理し、相談役を務めます。また、自らも現場に出てサービスを提供し、訪問介護計画を立案（第5章）、多職種との連携を図るなどさまざまな業務内容をこなしています。にもかかわらず「サービス担当責任者」や「サービス管理責任者」と間違えられることもあり、まだまだ認知度は低く、知られていません。

なぜ訪問介護が在宅サービスの要なのか、それは、自宅での生活を利用者の一番近くで見て聞いて把握しているのは訪問介護だからです。

ケアマネに言われたから、利用者の希望だからと要望だけに対処していては利用者の抱える課題の根本的な解決には至りません。

要望を受けて「利用者の生活全般の解決すべき課題とその原因」を探ることが求められています。「なぜ」この利用者には訪問介護が必要なのか？という「なぜ」の視点を持つことで課題が見つけやすくなります。課題解決に向けてサービス提供につなげ、そのサービス提供に責任を持って対応することが、サ責の役目なのです。

サ責はスーパーマン

　ヘルパーの大切な仕事は、日常生活の様子や環境の変化などをつぶさに見ることで、利用者の状態を推測することだと思います。掃除機をかけながら細部に目を配り、他の専門職にその情報を伝えるという大切な役割があります。そのために、サ責はヘルパーからの報告を聞き取り、状況を把握し、他の専門職にどのように伝えるか判断しなければいけません。単にヘルパーからの報告を横流しにしているだけではサ責の役割を果たしているとはいえません。

　また、サ責は、利用者39人に対して1人の配置となっています。サ責1人で最大39人のアセスメント・計画の立案・担当ヘルパーの指導育成・多職種連携・担当者会議への出席・家族支援・実際の支援の提供等を行ない、その業務は多岐にわたります。何かあればすぐにその場に駆け付け、対応もします。まさになんでもこなすスーパーマンといえるでしょう。

サ責はスーパーマン

ここがポイント　訪問介護は在宅サービスの要！
そのなかでサ責の果たす役割はとても大きいのです

5 サービス提供責任者の
業務8項目

サ責の業務

　　　サ責の業務は運営基準で定められています。それを以下に列記します。

①指定訪問介護の利用の申込みに係る調整をすること
②利用者の状態の変化やサービスに関する意向を定期的に把握すること
※居宅介護支援事業所等に対し、指定訪問介護の提供に当たり把握した利用者の服薬状況、口腔機能その他の利用者の心身の状態及び生活の状況に係る必要な情報の提供を行なうこと
③サービス担当者会議への出席等により、居宅介護支援事業者等と連携を図ること
④訪問介護員等に対し、具体的な援助目標及び援助内容を指示するとともに、利用者の状況についての情報を伝達すること
⑤訪問介護員等の業務の実施状況を把握すること
⑥訪問介護員等の能力や希望を踏まえた業務管理を実施すること
⑦訪問介護員等に対する研修、技術指導等を実施すること
⑧その他サービス内容の管理について必要な業務を実施すること

業務8項目について

①指定訪問介護の利用の申込みに係る調整をすること

　　　訪問介護を利用する窓口業務にあたります。依頼元であるケアマネとの調整、利用者との契約、担当するヘルパーの派遣調整など、申し込みからサービスが開始されるまでの一連の流れとなります。またヘルパーの調整ができない場合の対応や、本人・家族から飛び込みで連絡があった場合など、利用にかかわる調整をすることも重要な役割です。

②利用者の状態の変化やサービスに関する意向を定期的に把握すること

　訪問介護計画のサービス内容は利用者に合っているのか、利用者の状態に変化はないか、他に要望はないかなど、定期的に把握する業務がサ責の主な業務といっても過言ではありません。利用者の状態把握から訪問介護計画の変更、医療職・ケアマネなど関係機関への連絡・報告が発生します。あえてヘルパーのいる時間にアポイントを取って訪問する、実際にヘルパーの代行でサービス提供をするなどして利用者の状態を把握しましょう。ヘルパーからの報告だけではなく、「百聞は一見に如かず」を意識すると、利用者・ヘルパーの関係性や対応の方法が客観的に見えてきます。

③サービス担当者会議への出席等により、居宅介護支援事業者等と連携を図ること

　ケアマネ・各関係機関へ訪問介護の役割、実際に行なわれている具体的なサービス内容を伝える大切な会議となります。また担当者会議の大きな役割は利用者の情報共有です。対象の利用者に対する共通認識を確認する機会となります（第6章）。また、日頃担当しているサ責として、かかわる多職種にどんな人がいるのか、実際に会って話ができるチャンスでもあります。

④訪問介護員等に対し、具体的な援助目標及び援助内容を指示するとともに、利用者の状況についての情報を伝達すること

　実際にヘルパーがサービス提供を行なう際に、手順工程だけを伝えていませんか?　ヘルパーが訪問する目的や利用者の置かれている状況、利用者の意向を訪問介護計画の具体的な目標に沿って伝えることで、ヘルパーは、ただ訪問するのではなく、ヘルパーがケアの必要性を認識することで、ヘルパーからの報告内容も具体的になります。ケアマネのケアプランの目標や他サービス利用の有無など具体的な情報も利用者情報の1つです。

⑤訪問介護員等の業務の実施状況を把握すること

訪問介護サービスの質＝ヘルパーの質にあたります。

実施状況を定期的に把握することは利用者の状態を把握することにもつながります。ヘルパーが実際に支援をしている場面に同行することも1つの方法ですが記録から把握することもできます。記録内容が訪問介護計画の意図とずれている場合は前述の④を振り返りましょう。

⑥訪問介護員等の能力や希望を踏まえた業務管理を実施すること

サ責の指示のもとヘルパーは仕事をしているため、ヘルパーの能力や希望を把握することは、サ責としての当然の役割です。ヘルパーの実務能力、働ける時間、希望の仕事内容や給与面なども含め、日頃からコミュニケーションを取って把握するようにしましょう。

⑦訪問介護員等に対する研修、技術指導等を実施すること

提供するサービスの質を向上させることはサ責の努力義務です。また、技術指導を目的とした研修開催は法的にも義務となっています。

毎月研修を開催している事業所もありますが（事業所の運営規定を確認）、毎月ではなくても定期的に研修を開催することでヘルパーの技術指導ができ、ヘルパーが集まることで事業所の一員であることを自覚する場にもなります（第8章）。

⑧その他サービス内容の管理について必要な業務を実施すること

訪問介護には、法改正や先進的医療の進化により在宅サービスの高度化および変化への柔軟な対応が求められています。

ヘルパーへの指導はサ責自身の成長にもつながります。

訪問介護のサービス内容の管理から利用者の生活全体に目を向け、必要な情報伝達・報告・連絡・相談を行ないましょう。

図表 1-3　サ責の業務

①訪問介護業務	②訪問介護計画書などの書類作成	③管理業務
利用者の申し込みや相談にかかわる調整 利用者および家族とのアセスメント（面談・面接） 担当者会議への参加 同行訪問 モニタリング	訪問介護計画書の作成 サービス提供手順書の作成 モニタリング	同行訪問 ヘルパーへの支援・研修指導

コラム

サ責はスーパーマン!?

　9ページで「サ責はスーパーマン」だと述べました。改めてご紹介します。

①ヘルパーの育成指導：サ責は新人ヘルパーから、自分より年上のベテランヘルパーまで、気を遣いながら育成・指導を行ないます。ヘルパーへの情報提供や訪問介護計画の説明、手順の指示、モニタリング、ヘルパーの給与面の考慮まで、雇用から現場での育成まで責任を担っています。

②家族への支援：利用者だけではなく、家族への相談支援も大切な業務の1つです。家族に対する専門職としての情報提供から家族の困り事への対応まで丁寧に行ない、信頼関係を築く努力も怠りません。

③多職種との連携：訪問介護の窓口であるサ責は、ケアマネ、医師、看護師、薬剤師、リハビリ職、通所介護等の介護従事者などとも連携をします。

④介護福祉の実践：サ責は実際に現場に入り訪問介護を実践することもあり、相談業務や訪問介護計画の作成、ヘルパーへの指導まで、介護福祉の実践を身をもって行なっています。

⑤組織の運営：なかにはサ責と管理者を兼務している方もいます。ヘルパーの雇用管理から国保連への請求業務、利用料の請求書・領収書など、事業所としての運営・経営への視点も合わせ持つ必要があります。

　いかがでしょうか？　サ責は多種多様な業務をこなすスーパーマンなのです。

ここがポイント　この8つの業務は、サ責として確実に実施することです

相談受付

1 相談受付とは

依頼から情報の聞き取り

　基本的に介護保険サービスを利用したい場合は、まずケアマネに相談します。ケアマネは利用者が必要としているサービスを提供する事業所を探します。電話がほとんどですが、ケアマネからサービス事業所のサ責へ相談が入ります。

　相談を受けて、サ責は、ヘルパーの派遣が可能かどうかの情報を聞き取り、相談受付票などに記入します（図表2-1）。

　ここでは利用者の状況、氏名・年齢・性別・住所・身体状況（病気や障害の有無）・家族状況（同居の家族・ペットの有無を含む）・要介護度、希望のサービス内容、訪問回数、訪問時間などの情報を聞き取ることが重要です。また、その時、なぜこのサービスが必要なのかについても聞きましょう。

加えてケアマネに確認しておきたいこと

　利用者が入院中の場合は、退院日やサービス開始日、疾病や障害が本人に告知されているかなどを確認しましょう。

　また、定期通院がある場合は、通院する曜日などの確認も必要です。サービス提供日に通院が重ならないか、通院日はヘルパーのサービス提供がキャンセルになるのか、サービス提供を振り替えるのか、などです。

　買い物同行のサービスを希望された場合には、天候不良時の対応、例

えば、ヘルパーによる買い物代行支援に変更になるのか、なども確認します。

　デイサービスを利用している場合、何らかの理由で休むこともあります。その際、昼食の準備が必要な場合もあり、ヘルパーの派遣の有無を確認することも視野に入れましょう。

　また、同居する家族がいる場合、介護保険サービスでは、家族の洗濯・共有部分の掃除・調理・買い物などは行なえません。ペットがいる場合もえさやり・排泄物の処理・散歩などは行なえません。サービス提供時はゲージに入れてもらうように依頼をすることもあります。

ここがポイント　十分な情報を聞き取りましょう

② 相談受付票（シート）について

相談受付票（シート）

　　　　　相談受付票（シート）とは、前節でケアマネから収集した情報を整理するシートのことをいいます。重要事項説明書などに記載が必要な情報もあります。また、これからサービス提供を行なう際の情報を記入しておくことでサ責にとって貴重な情報シートになります。

　ケアマネからの情報収集を行なう際に以下の内容を聞き取り、記載します。

図表 2-1　相談受付票（シート）とその記載内容

①相談受付票（シート）の作成日
②受付方法・対応日・対応者名
③相談者の住所・氏名・相談者区分
④利用者の氏名・年齢・生年月日・性別・住所・電話番号、同居の家族の有無
⑤要介護認定・要介護状態区分・認定有効期間・介護保険負担割合証
⑥現状の居所
⑦担当ケアマネの事業所名・住所・電話番号・担当ケアマネの名前
⑧介護サービス利用歴
⑨主治医の病院の名前、住所や電話番号、医師の名前
⑩利用者の現状（心身の状態、ＡＤＬ、認知等）
　※既往歴、手術歴や、生活状況、口腔ケア・服薬管理などについての情報
⑪相談内容：相談者や利用者からの相談内容を記入します
　例：掃除・洗濯・ゴミ出しの支援を希望している。外出介助もできたらお願いしたい。
　　週に２回の訪問。洗濯物干しがあるので、午前中の早い時間がいい。ゴミ出し
　　はいつでも出せる収集所がある。外出は天候が悪い日は支援を振り替えてほし
　　い。デイケアでリハビリもしたい
⑫簡単な生活歴とジェノグラム
⑬対応・留意事項：初回訪問予定など

No. _____　　　　相談受付票　　　作成日　　年　月　日

受付方法	電話・来院・訪問・文書（郵送・FAX）・インターネット・その他		
対応日	年　月　日　対応時間　　：	対応者名	
相談者氏名		住所 電話番号	〒
相談者区分	本人・ご家族（続柄：　　　　）・居宅介護支援事業所・地域包括支援センター・その他（　　　　）		
利用者氏名		（男・女）同居の家族（有・無）	
生年月日	年　月　日（満　　才）	住所 電話番号	〒
要介護認定	□未申請　□申請中（新規・更新・変更　申請日：　　年　月　日）		
要介護 状態区分	要支援1・要支援2・要介護1・要介護2・要介護3・要介護4・要介護5		
認定有効期間	年　月　日〜　　年　月　日		
介護保険負 担割合証	割　期　間　　　　年　　月　　日〜1年間		
現状の居所	自宅・医療機関（　　　　）・施設（　　　　）・その他（　　　　）		
居宅介護支援 事業所		担当ケア マネジャー	
住　所		TEL： FAX：	
介護サービス 利用歴	デイケア・デイサービス・訪問介護・訪問看護・ショートステイ・福祉用具		
担当医		病院名	
住　所		TEL： FAX：	
利用者の現状 （心身の状態、 ADL、認知等）			
利用希望介護 サービスの 相談内容			
簡単な生活歴		ジェノグラム	
対応・留意事項	初回訪問予定　　　　年　　月　　日		

生活歴とジェノグラム

　　図表 2-1 のなかの「生活歴」とは、家族、仕事、学歴、戦
争の経験など、利用者が今日に至るまでの境遇などを示します（図
表 2-2）。生活歴を知ることは、利用者に対するよりよい介護につながるとい
えます。

　また、「ジェノグラム」とは、一般的には家系図ですが、支援者が利用
者を中心とした家族関係を理解するために作成される図のことです（図表
2-3）。

図表 2-2　生活歴の記入例

東京都台東区で 3 人兄弟の末っ子として生まれる。区内の高校を卒業後、大学へ進学
した。大学卒業後は、文房具を扱う会社に就職。26 歳の時に結婚し、長男、長女が誕生。
35 歳の時に自分で会社を設立した。40 歳の時に仕事中、交通事故に遭い、左肩を骨
折。50 歳の時に両親が他界。55 歳の時に経営悪化から会社を廃業し、翌年には、運
送業の契約社員として入社。65 歳の時にインフルエンザに罹り、肺炎を起こして入院。
その後、心筋梗塞で再び入院した。70 歳で運送業を退職。現在、狭心症、COPD で
HOT 使用中。

図表 2-3　ジェノグラムの例

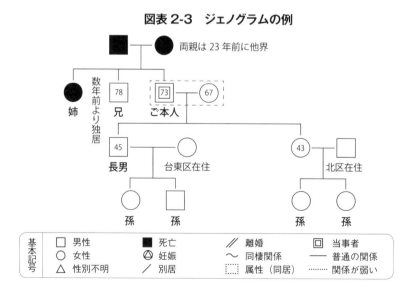

　ジェノグラムは視覚的に理解しやすく、情報伝達ツールとして大きな役割を果たします。

相談内容の聞き取り

　情報を上手に聞き取る上で一番大切なことは、ケアマネとの信頼関係の構築です。このサ責に依頼すれば、安心だと思ってもらえる関係づくりが必要です。ケアマネの話を丁寧に聞き、きちんと聞く姿勢が信頼感につながります。その上で質問をし、ケアマネが持っている情報をなるべく多く聞き取りましょう。

　前述した通り、ケアマネが必要だと思ったサービスについて、その理由について確認しておくことが大切です。疑問に思えば、質問をして、逆に提案したり、追加提案したりします（第 13 章）。

　なお、聞き取りに必要以上に時間がかかりそうな場合は、事前訪問の前に、聞いておきたい情報を整理して、ケアマネに改めて提示するのも手法の1つです。

　このような情報を整理することで、サービスの内容やポイントを把握することができますし、聞き忘れの防止にもつながります。また、相談受付票（シート）に記入することで、事業所内での情報の共有にも役立ちます。

> **ここが ポイント**　後で困らないように、丁寧に聞き取り、相談受付票に記入しておきましょう

3 ヘルパー派遣の調整

ヘルパーを探す

サ責は、ヘルパーに連絡を取り、サービス内容・曜日・時間・簡単な住所・サービス開始日などを伝え、ヘルパーの都合や移動時間に問題がないかなどの確認を取ります。また、ヘルパーからサービス提供についてなどの質問があった場合、わかりやすく説明をしましょう。初回訪問時にはヘルパーも緊張しますので、サ責が同行訪問して指導する旨も伝えます。

　通常であれば、サ責が主体的にサービスを提供できるヘルパーを探しますが、まれに利用者から派遣ヘルパーへの要望が出されることがあります。その場合は、要望に沿ったヘルパーを探すことになります。

ヘルパーへの要望

例えば、ヘルパーは、力のある男性がいい、同性の女性がいい、若いほうがいい、料理が得意な人がいい、買い物上手な人がいい、穏やかな性格の人がいい、などです。

　また、訪問回数が多くなると、かかわるヘルパーの人数も多くなります。利用者によってはなるべく少人数で対応してほしいといった要望を伝えてくる人もいます。

　さらに、サービス提供時間も、デイサービスの送迎時間に合わせて訪問し

てほしいという要望や、洗濯物を干したいから午前 10 時に来てほしいといった要望を出される人もいます。こうした要望に対して、要望通りに調整できればよいのですが、その通りにはならないことも多いでしょう。例えば、「午前 10 時には訪問できませんが、10 時 15 分からでしたら訪問できます」と提供できる時間をケアマネに相談して利用者に確認してもらいましょう。

利用者の要望を整理

ここが
ポイント　サ責は条件にあったヘルパーを探します

4 ヘルパー派遣の受け入れ

受け入れができる場合

サ責は、サービス内容・訪問回数・訪問時間を確認した上で、受け入れ（サービス提供を引き受ける）が可能であれば、ケアマネに受け入れ可能なことを連絡します。そして、訪問介護サービス利用開始にあたっての申込書、すなわち「訪問介護サービス利用申込書」の送付をケアマネに依頼します。

図表 2-4　利用申込書に記入してもらう内容

- ●申込年月日
- ●介護保険被保険者番号（認定年月日・認定の有効期間・要介護度）
- ●介護保険負担割合証（負担割合・開始年月日と終了年月日）
- ●利用者情報（氏名・生年月日・年齢・性別・住所・電話番号）
- ●居宅サービス計画作成者氏名（事業所名・住所・ケアマネの名前・電話番号・ＦＡＸ番号）
- ●要介護状態区分（要支援１～要介護５）
- ●障害高齢者の日常生活自立度（Ｊ１～Ｃ２）
- ●認知症高齢者の日常生活自立度（Ｉ～Ｍ）
- ●利用希望日・頻度など
- ●家族状況
- ●主治医（病院名・住所・電話番号・医師名）
- ●疾病（既往歴）や感染症の有無
- ●緊急連絡先（氏名・続柄・住所・電話番号（携帯電話番号・勤務先の名前と電話番号など）※緊急連絡先は優先順位をつけ複数あるほうがよい
- ●特記事項　介護における注意事項や担当者会議の日時など

また、担当者会議の開催日時、契約日、家族の同席の可否、その他のサービス利用による提供事業者なども記入してもらうよう依頼しましょう。疾病・疾患により契約内容の理解について困難な人や意思決定が難しい人の場合、

担当者会議に家族などの同席を求めます。

　訪問介護では、利用開始を急ぐことも多く、担当者会議を開催せずにサービスがスタートすることもあります。この場合、ケアマネから開催しない理由を聞いておくことが大切です。

受け入れができない場合

　原則として、訪問介護事業者は、正当な理由により自ら適正なサービスを提供することが困難であると認めた場合、利用申込者にかかわる居宅介護支援事業者への連絡と、適切な他事業者等の紹介、その他の必要な措置を速やかに講じなければならないことになっています（運営基準第 10 条）。

図表 2-5　受け入れができない場合の例

①業務実施地域以外の場所へのサービス提供の場合
※運営規定・重要事項説明書などに記載されている地域以外でのサービス相談の場合
②医療行為や医療補助行為のサービスを希望されている場合
③各種支払いや年金などの管理、金銭の貸借などの金銭に関する取扱いがある場合
④本人以外の家族のために食事準備などサービスの希望がある場合
⑤サービス利用希望時間にヘルパーが手配できない場合
⑥利用者の要望に沿ったヘルパーが見つからない場合
⑦ヘルパーの不足によりサービスが提供できない場合　など

　図表 2-5 にあるような理由で受け入れができない場合は、そのことを速やかにケアマネに報告します。

　上記の理由でやむなく受け入れを断る場合以外にも、サ責として、利用者とヘルパーのマッチングをしっかりと検討する必要もあります。誰でもいいから派遣すればよい、というような考え方だと、結果的に利用者からの苦情につながりかねませんので注意してください。

①地域外　②医療行為　③各種支払い

④利用者本人以外への
サービス

⑤利用希望時間に
ヘルパーの手配ができない

⑥要望にあったヘルパーが
見つからない

これらの理由がある場合は受け入れ NG

⑦ヘルパー不足

受け入れの可否は迅速に

受け入れができる、できないにかかわらず、利用者のことを考えれば、迅速な対応が重要です。サービス提供の依頼を受けて契約までの一連の流れを通して、サ責に課せられた役割は大きく、サービスを円滑にスタートできるかを左右することになります。

> **ここが
> ポイント**　ヘルパー派遣の受け入れの可否は迅速に連絡しましょう

事前訪問・契約締結

第3章

1 事前訪問

事前訪問とは

 受け入れができる場合、サ責は速やかに事前訪問を行ないます。事前訪問とは、サ責がサービス提供開始前に利用者宅へ訪問して、事業所の紹介をし、サービス内容や手続き、重要事項の説明などを行ない、利用申し込みの同意を得る（契約する）ための訪問です。

事前訪問で気をつけたいポイント

 必要な情報を絞って聞く

利用者は、ケアマネからもいろいろ質問されています。そのため、また同じことを話すの？　と思われ、初対面の私たちの質問が大きな負担になることもあります。そうした思いに配慮して、ケアマネからの事前情報で不足している部分を中心に情報収集しましょう。

利用者や家族への配慮をする

利用者には、家族の前では話したくないことがありますし、家族も本人の前で困っていることを率直に相談できないこともあります。利用者と2人になるタイミングで話を切り出したりしてみることが大切です。

また、家族からの聞き取りは、場所を変えて行なうことも必要です。家族の介護への負担感や利用者の普段の状況も聞き取ることができます。

生活パターンを知る

　疾病などについては、ケアマネからの情報がありますが、それに加えて、生活パターンを聞くことで、精神状態や社会参加、趣味、友人との交流などを知ることでができます。

　「事前訪問で気をつけたいポイント」は他にもあります。図表 3-1 のチェックポイントについてもしっかり押さえておいてください。

　なお、サービスが始まってからも情報収集は続きます。事前訪問ですべてを聞くことはできませんし、また聞く必要もありません。利用者や家族の様子を見ながら事前訪問をしましょう。

図表 3-1　事前訪問で行なうチェックポイント

住環境・周辺環境の確認（訪問前）	住環境については、「オートロックの建物」「エレベーターがない集合住宅」「一軒家」などの把握をします。またサービス内容に買い物代行（同行）がある場合は、近隣のスーパーなどの確認、郵便局や最寄りの銀行なども把握しておきます
足りない情報の追加アセスメント（訪問時）	事前に集めた情報はアセスメントに記入をしておきますが、利用者が在宅生活を送るなかで何ができるのか、家族が行なえる役割はあるのか、サポートを必要としていることは何かを再度見極めます。例えば、調理のサービスを予定している場合など、食べ物の好き嫌い、アレルギー、柔らかいものを好む、義歯はあるか、嚥下の状態の確認、飲んでいる薬は何か、1 日の過ごし方、移動する時の様子、杖を使う、歩行器での移動なども聴取しましょう
家屋内の住環境の確認（訪問時）	訪問時に室内の見取り図を取りますが、トイレや浴室に手すりがあるか、段差はどこにあるかなどを確認します。寝ているのは布団か、簡易ベッドか、介護用ベッド（特殊寝台）なのかや、動線の確保状況、水回りの衛生状況など、今後想定されるリスクを考えながら確認をします
契約書・重要事項説明書の説明（訪問時）	重要事項説明書の説明の際に、訪問介護事業所の内容説明があります。その時に事業所のパンフレットなどを使うことも可能です

契約書・重要事項説明書の説明（訪問時）	訪問前に、契約書並びに重要事項説明書の必要事項が記入できているかを確認します。事業所の代表印、社判は押印されているか、管理者の印鑑があるか、主治医・緊急連絡先・ケアマネジャーの事業所の名前、住所、電話番号、担当の地域包括支援センターの名前、住所、電話番号 サ責は、わかりやすい説明を心がけます。専門的な用語をわかりやすい言葉に変えて説明しましょう 契約の終了時に説明者の欄に署名押印があります。サ責自身の印鑑も忘れないようにしましょう
サービス内容利用の同意（訪問時）	契約書・重要事項説明書・個人情報使用同意書について同意をいただいたら、利用者やその家族・後見人などに署名押印をしてもらいます。署名漏れ・押印漏れがないように、付箋などを活用し、署名欄のページに貼っておくなど工夫しましょう。契約書類は、事業所、利用者がそれぞれ一部ずつ保管します
契約締結（訪問時）	改めて、質問がないかなどを聞きましょう。最後に、サービスの開始日、曜日、時間、サービス内容の確認をします。利用者の同意を受けて、カレンダーなどにヘルパーの訪問日を記入することもあります

※必要書類については 32 ページを参照。契約時には、利用者の押印、同席する家族や後見人の認印が必要です。事前に連絡をして印鑑を用意してもらいましょう。
※図表はあくまでも参考です。事業所のフォーマットに沿って契約を行ないましょう。

同意を得る（契約する）際のコツ

 　　　初めて介護保険サービスを利用される人は、どんな相談をすればよいか、どんなサービスを利用できるのか、など不安でいっぱいです。同意を得るにあたって、利用者・家族の状況や状態をよく理解して、相談に乗るとともに、利用者・家族が安心できるような笑顔での対応を心がけることが大切です。

コラム

利用者のお宅への初回訪問

　初回訪問では、第一印象がとても大切です。

　当たり前のことですが、約束した日時を守り、書類等の忘れ物がないかをきちんと確認しておきましょう。また、事前に訪問先のお宅の場所や行き方などを確認することも大切です。

　第一印象をよくするための接遇・マナーの5原則を紹介します。

・挨拶
・身だしなみ
・表情
・言葉遣い
・態度

　挨拶は、お辞儀の角度や目線の位置などに注意が必要です。そして笑顔で挨拶をしましょう。

　身だしなみについては、頭のてっぺんから足の先まで清潔感があるように努めます。洋服の色は淡い色がよいとされていますが、事業所によってはユニホームが用意されていることがあります。

　表情も、柔らかく優しい表情が好ましいと思いますが、状況に応じた表情が大切になることがあります。例えば、利用者が辛い話をしている時に笑顔で傾聴するのは失礼ですよね。TPOに合わせた表情の使い分けも必要です。

　また、言葉遣いですが、基本的には敬語を使いましょう。また声のトーンやスピードなどにも注意。言葉には話し手の心や気持ちが表れます。

　態度というのは、こちらの行動です。例えば、利用者や家族の話に、目を見て傾聴したり、メモを取ったり、話にうなずいたり……といった1つ1つの行動・姿勢が相手の目にどう映るかを考えましょう。

　この5原則をきちんと押さえておくだけでも、良好な関係や信頼関係づくりにつながりますので、覚えておいてください。

ここがポイント　事前訪問は速やかに行ないましょう

② 同意・契約に関して

事前準備（契約時の書類の確認など）

　訪問前に契約の際に必要な書類を確認しましょう。これらは、事前訪問セットとして一式あらかじめ用意しておくと便利です。

契約書（2部）
重要事項説明書（2部）
個人情報使用同意書（2部）
利用料　口座振替申込書
事業所の案内（パンフレットなど）
フェイスシート（基本情報）
アセスメントシート

　このうち、契約書・重要事項説明書の必要な事項については、事前に記入をしておきます。そして、フェイスシート、アセスメントシートに、ケアマネからの事前情報を記入し、不足している部分については事前訪問時に直接本人や家族から聞き取り、記入します。

書類についての補足

　契約書とは

　サービス開始にあたって、利用者とサービス事業者が契約を結びます。その際に取り交わす書類です。

重要事項説明書とは

　事業所が契約者に対して、事業所の概要と提供するサービスの内容や

契約上の注意事項などを説明したものです（図表 3-2）。

個人情報使用同意書（図表3-3）とは

　介護保険サービスを行なう上で、利用者にかかわる各関係機関は、担当者会議を初回と認定更新等を受けた時に開催し、協議することが義務とされています。そのために、各関係機関において個人情報を共有することを利用者、家族に承諾してもらう必要があります。そのための書類です。

図表 3-2　重要事項説明書（抄）

1　事業の目的と運営方針
2　事業者の内容

（1）提供できるサービスの地域 事業所名					
指定番号					
所在地					
電話番号					
FAX 番号					
サービスを提供する地域					
法人営業施設					

「事業所内容」：事業の種類・名称・所在地・目的および運営方針・開設日・事業所が行なっている他の事業などを記載します。
また、サービスを提供するにあたっての基本理念と訪問介護の意義や目的を記載します。例えば、利用者の在宅生活における自立支援を基本に考え、その人らしさを支援し、生活の質（QOL）の向上に努め、入浴や排泄、食事の介助、その他生活全般の援助を行なうといった内容が記載されます。

「職員体制」：正しい職員数を記載することが必要です。そのため事前訪問の直前に記入するのがよいでしょう。
「訪問介護の内容（生活援助・身体介護）、利用料・特定事業所加算の有無（サービスが決まっていれば、1か月の利用料金の概算を提示することも可能）」
「サービス利用に関する留意事項（賠償の方法、利用料金の支払い方、キャンセル料、情報開示など）」

（2）事業所の従業者・体制職務の内容	業務内容	常勤	非常勤	専任	兼務	計
管理者	業務の一元的な管理	1名	0名	0名	○	1名
サービス提供責任者	サービス提供の管理	2名	0名	0名	○	2名
実務者研修修了者（ヘルパー1級）			0名	0名		0名
訪問介護員等	訪問介護の提供	5名	0名	5名		5名
実務者研修修了者（ヘルパー1級）			1名	0名		1名
初任者研修修了者（ヘルパー2級）		0名	6名	0名		6名

3　サービス提供の方法
4　サービス提供期間と終了
（1）サービスの提供期間
（2）サービスの終了
5　サービスの内容
（1）身体介護
（略）
（2）生活援助
（略）
（3）その他サービス
（略）
6　利用料金 •
7　利用者負担金の支払
8　サービスの利用に当っての留意事項
9　非常災害対策
10　緊急時の対応 •
（略）
11　事故発生時の対応
12　守秘義務に関する対策
13　利用者の尊厳
14　身体拘束の禁止
15　苦情相談 •
16　損害賠償について •

利用料金の支払い方法：1か月の利用料の請求日と引き落とし日を明記し説明します。注意：口座引き落としの書類は、代行手続きを行なう会社によって書類の受付締切日があります。契約日によっては、2か月分の請求が発生することがあります。事前に確認をしましょう。
キャンセル料：利用者の都合でキャンセルする場合、いつまでに（例：前日の18時までに）と具体的に明記してキャンセル料を設定します。あくまでも、事業所の設定内容を理解しておきましょう。

「緊急時の対応（特定事業所加算をとる場合）」
24時間体制を整備し、緊急時に対応していることを明記します。また、緊急時の連絡先についても明記しておきます。

「苦情受付について」
苦情受付について、事業所における受付窓口と受付担当名を提示します。また、事業所に第三者委員設置がある場合は委員名を提示。
区市町村の担当課、国保連適正化委員会の電話番号も記載します。

賠償の方法：サービス提供には、いろいろなリスクが伴います。事業所と利用者双方における賠償責任とその対処方法について明記して説明を行ないます（保険会社についても提示しておくとよいでしょう）。

平成年月日
指定訪問介護サービスの開始に当たり、利用者に対して契約書及び本書面に基づいて重要な事項を説明交付しました。
＜事業所＞
所在地
事業所名

説明者印
平成年月日
私は、契約書および本書面により、事業者から指定訪問介護サービスについて重要事項説明を受け同意しました。

＜利用者＞
住所
氏名印
＜利用者代理人＞
住所
氏名印
続柄

図表 3-3 個人情報使用同意書の雛形

個人情報使用同意書

　私及びその家族並びに代理人の個人情報については、次に記載するところにより必要最小限の範囲で使用することに同意します。

記

1　使用する期間
　令和　　年　　月　　日からサービス利用契約終了時までとする。

2　使用する目的
　① 請求のため弊社の行う管理運営業務（会計・経理・事故、苦情報告・サービスの質の向上等）。
　② ご利用者が利用している、または希望している他の医療機関・介護機関との連携。
　③ ご利用者の容態の変化にともない緊急連絡をする場合。
　④ ご家族等への状況説明。

3　個人情報の内容
　① 氏名、生年月日、年齢、住所、健康状態、家族状況等事業者が在宅介護サービスを行うために、最低限必要な利用者及び家族並びに代理個人に関する情報。
　② サービス実施記録、その他必要とする書類。

4　使用する条件
　① 個人情報の提供は必要最小限とし、提供にあたっては関係者以外の者に開示される事がないよう細心の注意を払いこと。
　② 個人情報を使用した会議、関係者、内容等の経過を記録しておくこと。

　上記の同意を証するため、本書2通を作成し、利用者と事業所が1通ずつ保管するものとします。

　令和　　　年　　　月　　　日
　　　中央介護株式会社　訪問介護事業部
　　　代表者氏名　中央 太郎　様

　　　　　　　　　　　　利　用　者　　　住所
　　　　　　　　　　　　　　　　　　　　氏名　　　　　　　　　　　　　　　印

　　　　　　　　　　　　利用者代理人　　住所
　　　　　　　　　　　　　　　　　　　　氏名　　　　　　　　　　　　　　　印

　　　　　　　　　　　　家族代表者　　　住所
　　　　　　　　　　　　　　　　　　　　氏名　　　　　　　　　　　　　　　印

 契約時に知り得た情報は、重要事項説明書のなかでも「守秘義務」として掲げています。
知り得た情報が関連機関以外に漏れないようにしましょう

3 契約締結

わかりやすい説明を心がける

　　　　サービス利用開始にあたって、契約内容の説明を受け、契約者本人・家族もしくは後見人などが内容に同意した上で契約を取り交わします。

　契約書・重要事項説明書などにはたくさんの専門用語が使われています。契約内容が利用者、家族に正しく伝わることが大切です。多くの内容を説明することになりますので、専門用語をわかりやすい言葉に置き換えることも重要です（図表3-4）。相手の表情などから判断して、「ここまでの説明でご質問はございませんか?」などと、確認することで自分の説明が伝わっているのかどうかを確かめましょう。

　重要事項をすべて説明したところで、訪問介護サービスの提供開始にあたり、本書面に基づいて誰が説明を行なったかを記入し捺印します。そして、利用者、代理署名する家族、後見人などが重要事項説明を受け、訪問介護サービスの開始に同意したことを確認するために署名・捺印してもらい、利用者と事業所が一部ずつ保管します。

特に気をつけたいポイント

　　　　トラブルになりやすい以下の項目については特に気をつけて説明し、理解を促しましょう。

・契約の目的、契約期間、利用料金（加算なども含む）

・キャンセル・変更・追加などサービス内容の変更など

・サービスの中止（利用者からの解約・事業所による契約解除など）

・守秘義務、損害賠償、サービス提供における苦情、緊急時の対応方法などです。

　また、サービス提供におけるヘルパーの禁止行為についてもしっかり説明をします。介護保険証・負担割合証の確認も忘れずに行ない、コピーを取ります。なお、携帯電話などでこれらの写真を撮る行為はNGです。

　42ページで触れますが、事前訪問で契約締結をする場合、担当者会議までにする場合、担当者会議当日にする場合、さらに後日にする場合とケースバイケースですが、事前訪問での契約締結が一番スマートです。

図表 3-4　わかりやすい説明のためにサ責が知っておきたい用語集

指定訪問介護サービスの「指定」とは
　指定訪問介護サービスの「指定」とは、介護保険法に基づいて、都道府県知事により許可を得て運営をしている訪問介護サービスのことです
　都道府県知事は、人員・設備・運営基準などを満たした訪問介護サービス事業所だけを「指定」します。一定のサービス基準を都道府県知事が保証していると言い換えることができます
訪問介護サービスとは
　訪問介護サービスとは、ヘルパーが自宅を訪問して、食事・入浴・排泄などの介護、調理・買い物・洗濯・掃除などの家事を行なうサービスをいいます
身体介護とは
　身体介護とは、食事・入浴・排泄・着替え・整容・移動・移乗・服薬・起床・就寝など、直接身体に触れて行なう介護のことをいいます
生活援助とは
　生活援助とは、調理・買い物・洗濯・掃除など、身体に直接触れない日常生活の援助のことをいいます
通院等乗降介助とは
　通院等のため、ヘルパー等が自ら運転する車両への乗車または降車の介助、病院の受付までの移動、手続き等の介助や援助のことをいいます
　介護保険サービスでは、原則、病院内の介助は行なえません。説明の際には十分注意をしましょう

身体介護・生活援助・通院等乗降介助ですが、それぞれ料金が異なります。提供する時間数によって料金が異なります。特に要支援の場合は、区市町村が定める単位数になります

訪問介護員の禁止行為とは

訪問介護員の禁止行為とは、医療行為、直接本人の援助に該当しない行為、日常生活に該当しない行為など、禁止されているサービスや、その他、金銭や飲酒など誤解や問題の生じる行為などのことをいいます

直接本人の援助に該当しない行為とは

直接本人の援助に該当しない行為とは、同居家族に対するサービスのことです。洗濯や調理、買い物など、家族全員分をまとめてしてもらうほうが、家族にとっては助かりますが、介護保険制度では行なえません

日常生活の援助に該当しない行為とは

日常生活の援助に該当しない行為とは、生活を営むことに支障が生じないと判断される行為をいいます。具体的には、草取り・草木への水やり、ペットの世話や散歩、模様替え、大掃除、修理やペンキ塗りなどです。これらは、援助しなくても生活に支障がないと判断されています

人員基準とは

人員基準とは、訪問介護サービスの「指定」を受けるために必要な資格を保有する職員の人数のことです。一定のサービス水準を保証するため、最低限必要な職員の数が法律で決められています

訪問介護サービスの場合、管理者・サービス提供責任者・訪問介護員の3つの職種が必要になります

管理者とは

管理者とは訪問介護事業所の従業員と業務の管理、指揮命令を行なう者をいいます。資格要件に決まりはありませんが、多くの事業所で経験と知識、技術（資格）を持った人が管理者をしています

1つの訪問介護事業所に最低1名が必要です。また、サービス提供責任者や訪問介護員との兼務は認められていません。なぜなら、介護は人の命にもかかわる仕事ですので、もしもの時に指令ができないことがあってはならないからです

ただし例外として、業務に支障がない場合に限り、同一敷地内であれば兼務が認められています。1日8時間、1週間に40時間を管理者として職務についています

訪問介護員とは

訪問介護員とは、利用者の自宅に訪問して実際に身体介護や生活援助などの訪問介護サービスを提供するホームヘルパーのことです

訪問介護員は、介護福祉士・実務者研修修了者・初任者研修修了者・旧介護職員基礎研修課程修了者・旧ホームヘルパー1級課程修了者・旧ホームヘルパー2級課程修了者・看護師・准看護師のいずれかの資格要件が必要です

ケアプランとは

ケアプランとは、ケアマネが利用者本人や家族から聞いた内容（要望や悩みなど）をもとに専門知識を持って分析・評価をした上で、支援の方針や課題を解決するための目標、必要なサービス、計画を書面にしたもののことをいいます

訪問介護計画とは

訪問介護計画とは、サービス提供責任者が訪問介護の専門職として、ケアプランの

目標やサービス内容、そしてサービスの所要時間などを具体的に書面にしたもののことをいいます

サービス担当者会議とは

サービス担当者会議とは、要介護者に関係するサービスの担当者が集まり、ケアマネが作成したケアプランの原案の内容について検討する会議のことをいいます

特定事業所加算とは

特定事業所加算とは、サービス提供体制や人材要件に関する基準を満たした指定訪問介護サービス事業所だけが請求することのできる追加料金です

サービス提供体制の具体的内容ですが、ヘルパーに対する計画的な研修や定期的な会議、定期健診が行なわれていることや、緊急時の対応マニュアルなどの策定が必要です。また、人材要件の具体的内容は、ヘルパーについて介護福祉士の資格取得者の割合が 30％以上または介護福祉士と実務者研修修了者等の合計人数の割合が 50％以上必要です

特定事業所加算の基準を満たした指定訪問介護サービス事業所と利用者や家族が契約してサービスを受ける場合、サービス料金の請求が通常の指定訪問介護サービス事業所と比較して、料金が 10％以上高くなりますが、その分、質の高いサービスが期待できます

緊急時訪問介護加算とは

緊急時訪問介護加算とは、利用者やその家族などからの要請があり、計画された訪問以外に訪問介護サービスを緊急に行なった場合に請求される加算のことをいいます

初回加算とは

初回加算とは、初めて訪問介護サービスを利用する場合で、初回のサービス提供日または初回月にサ責が自らもしくは、ヘルパーに同行した場合に請求する加算のことをいいます

介護職員処遇改善加算とは

介護職員処遇改善加算とは、介護職員の処遇を改善するために賃金改善や資質向上などの取り組みを行なう指定訪問介護サービス事業所に認められている加算のことをいいます

介護職員の待遇改善のために、賃金改善や昇級の仕組み、スキルアップのための研修や資格取得支援、そのほか職場環境の改善などを行なっている指定訪問介護サービス事業所であれば、売り上げが増加するといった仕組みが国から採用されています

介護職員等特定処遇改善加算とは（令和元年 10 月 1 日新設）

介護職員等特定処遇改善加算とは、福祉・介護人材確保のための取り組みを、より一層進めるため、経験・技能のある職員に重点を図りながら、福祉・介護職員のさらなる処遇改善を進めるための加算のことをいいます

 利用者、家族が理解しているか、そのつど確認することが大切です

4 契約後

利用開始日、週間予定の説明

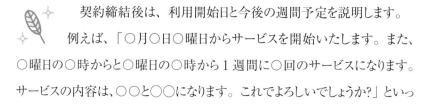

契約締結後は、利用開始日と今後の週間予定を説明します。

例えば、「○月○日○曜日からサービスを開始いたします。また、○曜日の○時からと○曜日の○時から1週間に○回のサービスになります。サービスの内容は、○○と○○になります。これでよろしいでしょうか?」といった確認を行ないます。

また、今後、ヘルパーが支援を終えると、実施記録を記入し、その際に利用者の印鑑をもらうことになることを告げ、認印の用意をしてもらいます。

鍵の預かりと生活費(金銭)の預かり

その他に、鍵の預かり、生活費(金銭)の預かりなど必要に応じて書類を交わします(預かり証:図表3-5)。

鍵の預かりとキーボックスの設置

身体状況によって玄関まで鍵を開けに来ることが困難な人や耳が悪くインターホンの音が聞こえにくい人、認知症状の悪化により、玄関の鍵の開錠が困難な人の場合、鍵を預かることもあります。

緊急時に備えて予備の鍵を事業所で保管したり、キーボックスを設置したりすることがあります。

事業所によっては鍵を預からないところもありますので、確認が必要です。

図表3-5　預かり証の雛形

預かり証（金銭・鍵）

利用者名：		預かり日：令和　　　年　　　月　　　日	
下記のものを確かに預けました。			
		住所	
		氏名 　　　　　　　　　　　　　　　　　印	
品名	□現金　　　　　円　（目的：　　　　　　　　）		
	□鍵　　　　　　本		
	□その他　　　　　（　　　　　　　　　　　　）		
上記のものを確かに預かりました。			
		事業所名	
		担当者名 　　　　　　　　　　　　　　　印	
返却日：		利用者確認 （家族）	

※預かり時に利用者に交付し、返却時にはこの用紙を回収します。

　なお、鍵を預かる場合、「鍵の預かり証」を2部用意し、取り交わします。預かった鍵は、事業所の鍵のかかる場所で保管します。

　また、鍵を持ち出す場合の持ち出しノートなどの準備が必要です（いつ、誰が、誰に貸し出したのか。誰から、誰がいつ返却を受けたのかなど）。

　鍵を預かる目的は、ヘルパーがサービスを行なうためです。それ以外の目的で鍵を使用することは禁止されています。例えば、遠方から親族が来訪したが、スペアキーを忘れたので貸してほしいといった要望は断ります。

　訪問診療医や訪問看護、デイの利用など複数のサービスを利用する人の場合は、キーボックスなどの設置が好ましいです。ただし、キーボックスの使用については、暗証番号が必要です。取扱いには十分注意をします。

生活費（金銭）の預かり

　金銭は、利用者による金銭管理が困難であったり、利用者から買い物のお金を預かることが困難な場合に預かります。

　自宅内に生活費を置く場合は、家族と所定の位置を決めます。そして、金銭出納帳やノートを家族に準備してもらいます。入金時は残高を確認してもらい、家族に金銭出納帳やノートに入金処理をしてもらいます。

　事業所で生活費（金銭）を預かる場合は、「金銭預かり証」を2部用意し、取り交わします。あくまでも生活費として預かります。金銭出納帳やノートを家族に準備してもらい、事業所の鍵のかかる場所で保管します。

　また、金銭の入金がある度に「金銭預かり証」を2部作成し、双方で保管します。

　なお、金銭の出納については、サ責が責任をもって確認を行ないます。

契約のタイミング

　　　契約のタイミングは、事前訪問時や、担当者会議の後が中心になりますが、後日改めて契約する場合や支援が優先になる場合など例外もあります。

担当者会議後に契約

　担当者会議が終わり、サービスの提供を行なう各事業所がそれぞれ契約をします。そのため、多くの事業所を利用する場合（訪問介護・福祉用具・訪問看護・通所介護（デイ）など）、利用者や家族は一度に複数の契約を行なうことになります。

　サービスの利用開始までに余裕がある場合は、利用者や家族の都合を確認し、後日改めて契約することもあります。

後日改めての契約

　後日改めて契約する場合、日時の確認をしっかり行ない、必要に応じて電話などで確認をします。その際、家族の代筆による契約の場合、認印の

用意を改めて依頼しておきます。

支援優先の契約（契約同時支援）

　支援が優先になる契約の場合、ケアマネより緊急でサービス提供の依頼があることがあります（例：転倒し救急搬送となり、入院にならなかったが、日常の生活が行なえないためすぐにサービスが必要な場合、主介護者が緊急入院してしまったことで、身の回りの介護がすぐに必要になった場合、ベットから落ちてしまい、動けなくなってしまった場合など）。

　このような場合は、ケアマネと一緒に訪問し、サービスを提供することが好ましいです。契約については、サービス提供後にケアマネ、利用者やその家族と話し合い決めていきます。

　その場で、速やかに契約が行なえることもあるので、契約書関係一式を準備し持参するとよいでしょう。

契約したが、サービスにつながらないことも

　例えば、契約後のサービス提供日前に利用者が亡くなってしまったり、退院後にサービス提供する契約をしたが、自宅に戻らず施設入所になったり、契約を家族としたが、いざ訪問すると、利用者が「私の気持ちなど聞かずに息子が勝手に決めた」「ヘルパーなど頼んでいない」など拒否があり、再度仕切り直しとなるなど、さまざまな理由でサービス提供ができないこともありますので、承知しておきましょう。

暫定的に行なう契約

　サービス提供の必要性があり、介護保険申請中に暫定的に契約

をすませたが、認定結果が非該当だったということもあります。このような場合は、非該当になり介護保険サービスが利用できないことを前提に、有料自費サービスの説明や契約を行なっておく必要があります。

介護過程の展開

第**4**章

1 介護過程とは

考えながら行なう介護

　　　　　　介護過程は、2008（平成20）年に介護福祉士のカリキュラム
として導入されています。それまでの介護現場では、利用者に対
して、勘や経験をもとに介護実践が行なわれることも多く、ともすると、「今日
の介護を提供すれば、それで良し」というようなことが横行していました。し
かし、介護実践において、まず大切なことは、介護を必要とする人にかか
わる疑問や課題を明らかにし、その人の「生きていてよかった」を支えてい
くことです。介護過程とは、そうした利用者が望む「よりよい生活」「よりよ
い人生」を実現したい、または継続したいという介護の目標を達成するため
に行なう「支援の流れ」を指します。もちろん勘や経験が必要な実践場面
もあるかと思いますが、これからの介護実践は「その人がどのような生活を
希望しているか」「なぜ今その支援をしているのか」「その結果、どのよう
な変化があったのか」などを、考えながら介護を実践し、評価することが求
められます。こうした実践の流れが利用者のQOL（生活の質）を向上さ
せていくのです。

　利用者の生活（暮らし）を支援するヘルパーやサ責には、1人1人の利
用者に対して行なう日常生活の介護が、専門的で根拠のある内容であるこ
とが求められます。このことからサ責が作成する訪問介護計画書は、介護
過程を基本とした考え方で作成されることが望まれます。

介護過程の流れ（展開のプロセス）

　　　　　介護過程の流れとして、まず利用者の情報を収集します。ADL だけではなく、心理面や社会関係、その人を取り巻く環境（物理的・人的）、家族の要望なども含めた情報を集め、どのような介護が必要なのかを判断するために、集めた情報を分析していきます。そこから生活課題（利用者の望む生活を実現するために解決が必要なこと）をはっきりさせます。それを基本として、訪問介護計画書を立案し、指示書などの手順を示し介護実践につなげ、その結果どのような変化があったのか、なかったのか、目標を達成できたのか、できなかったのか評価を行ない、目標を達成できなかった時は計画書の修正を検討していきます。このような流れを「介護過程を展開する」といい、この流れ（プロセス）を繰り返すことにより、利用者の望む生活に近づいていけるよう支援していくこととなります。

図表 4-1　介護過程の展開

訪問介護計画書の
変更・見直し

アセスメント

①情報収集
②情報の分析・解釈・
　統合・判断
③生活課題（ニーズ）の
　明確化

評価

介護過程の流れ

訪問介護計画書の
立案

カンファレンス等
の評価

実施

> **ここが
> ポイント**　訪問介護計画書は、介護過程の展開がベースになっています

② アセスメントとは

アセスメントが大切な理由(わけ)

　　　　前節で挙げたように、訪問介護計画書の立案・実施は、介護を実践するための思考と実践のプロセス（介護過程）です。そのプロセスのなかで大切なのがアセスメントです。アセスメントとは、「事前評価」や「査定」という意味がありますが、介護の方向性を総合的に判断するため、情報を収集しながら分析・統合等を行ない、情報の意味を解釈し、利用者の生活上の課題をはっきりさせることです。つまり情報を集めることが目的なのではなく、在宅で暮らす介護の必要な高齢者あるいは障害のある人に対し「専門的な介護を行なう」という目的に向けて、サ責が必要な情報収集・分析を行なうことです。ですから、介護におけるアセスメントは、生活全体をさまざまな視点から把握し、利用者に関心を寄せながら、本人の思いや意欲等も考えつつ情報を整理することが重要です。第5章第2節も参考にしてください。

まずは情報収集

　　　　介護保険事業で行なう訪問介護は、ケアマネが作成したケアプランを基に利用者へのサービス提供の依頼を個別に受ける形となります。サ責はヘルパーを派遣する責任者として、ヘルパーが訪問してサービス提供する際の目的や方法を定めた訪問介護計画を作成する必要があり

ます。そこでケアマネとは別に改めて情報収集することとなりますが、28 ページで述べた通り、「同じことを何度も聞かれる」という利用者感情もありますので、あまり過度な情報収集にならないように配慮が必要です。フェイスシートなど事業所独自で作成しているものを基本に、ADL や利用者と家族や地域との関係性、物の置き方や掃除の仕方についてもさりげなく、かつ意識的に観察し、利用者の生活状況を把握するための情報を収集していきます。

ここが ポイント　アセスメントとは、訪問介護計画を立てる上で、非常に重要なプロセスで、介護の方向性を見極める大事な段階です

3 ICF の生活機能に基づいた情報収集

ICFとは

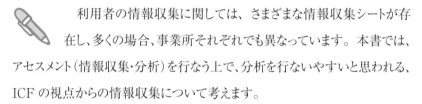

　　　　利用者の情報収集に関しては、さまざまな情報収集シートが存在し、多くの場合、事業所それぞれでも異なっています。本書では、アセスメント（情報収集・分析）を行なう上で、分析を行ないやすいと思われる、ICF の視点からの情報収集について考えます。

　疾病の後遺症や高齢のため歩けなくなり、外出を諦めなければならない、そうした状態の利用者であっても、その "障害" を「車いすがあれば外出できる」と捉えれば、「できない」は「できる」に変わります。

　このようにその人の「生きる全体像」を捉えて、「よりよく生活するためにどうするか」を考える生活機能と障害の分類法を、「ICF（国際生活機能分類）」といいます。つまり、ICF とは、利用者の "「生きること」を総合的に見る「共通言語」（共通のものの見方・捉え方）" であり、「よりよく生きていく」ために働きかけていくツール（道具）なのです[1]。

　ICF は利用者の生活を支えることを専門的に担う介護において、利用者の全体像を把握する際の情報収集のツールとして活用することができます。

6つの構成要素

　　　　「ICF」は国際生活機能分類を指し、2001（平成 13）年に世界保健機関（WHO）で採択されました。「ICF」では図表 4-2

図表 4-2　ICFに基づくアセスメントの視点例

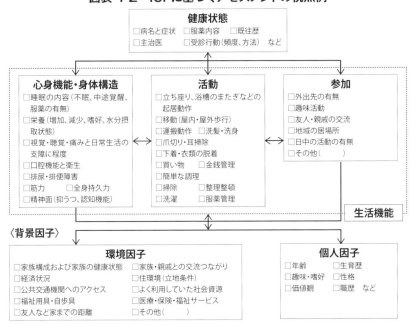

健康状態
□病名と症状　□服薬内容　□既往歴
□主治医　　□受診行動（頻度、方法）　など

心身機能・身体構造
□睡眠の内容（不眠、中途覚醒、
　服薬の有無）
□栄養（増加、減少、嗜好、水分摂
　取状態）
□視覚・聴覚・痛みと日常生活の
　支障に程度
□口腔機能と衛生
□排尿・排便障害
□筋力　　□全身持久力
□精神面（抑うつ、認知機能）

活動
□立ち座り、浴槽のまたぎなどの
　起居動作
□移動（屋内・屋外歩行）
□運搬動作　□洗髪・洗身
□爪切り・耳掃除
□下着・衣類の脱着
□買い物　　□金銭管理
□簡単な調理
□掃除　　　□整理整頓
□洗濯　　　□服薬管理

参加
□外出先の有無
□趣味活動
□友人・親戚の交流
□地域の居場所
□日中の活動の有無
□その他（　　　）

生活機能

〈背景因子〉

環境因子
□家族構成および家族の健康状態　□家族・親戚との交流つながり
□経済状況　　　　　　　　　　　□住環境（立地条件）
□公共交通機関へのアクセス　　　□よく利用していた社会資源
□福祉用具・自歩具　　　　　　　□医療・保険・福祉サービス
□友人など家までの距離　　　　　□その他（　　　）

個人因子
□年齢　　　□生育歴
□趣味・嗜好　□性格
□価値観　　□職歴　など

のように「健康状態」「心身機能・構造」「活動」「参加」「環境因子」「個
人因子」の各要素を約 1,500 項目に分類し、それぞれが相互作用している
と考えます。

心身機能・身体構造

　心身機能とは身体の生理的、心理的機能のことを指しています。見るこ
とや聞くこと、呼吸をすることなどの能力がこの項目に含まれています。

　身体構造とは、身体のそれぞれの器官や、肢体とその構成部分などのこ
とを指します。つまり、脳や呼吸器、骨や皮膚など、身体の各部分の位置
や大きさなどが分類されています。

活動と参加

　活動とは、生活上の目的を持った具体的な行ないのことを指しています。

読むことや書くことに加え、コミュニケーションを取ることや家庭生活を行なうことなどがここに含まれます。

　参加とは、家庭や社会などへのかかわりのことを指しています。働くことやスポーツをすること、地域のなかで何か役割を果たすことなどが、参加のなかに含まれています。

環境因子

　環境因子は、人の生活機能に影響を与える外的な要因です。例えば、建物の設備、交通機関のバリアフリー状況などの物的な環境が例として挙げられます。加えて環境因子には家族や友達、世間の人などの人的な環境や、医療や保健などのサービスも制度的な環境として含まれています。

個人因子

　個人因子とは、その人に固有の特徴を指しています。個人因子に関しては、現在の ICF では分類されていませんが、年齢や性別、民族などの基本的な特徴に加えて、社会的状況や人生体験なども、個人因子として生活機能の分類に含めることができます。

プラスの面に着目する ICF

　ICF は、「できないことをできるようにする」や「できないことの代わりに〜をする」といった障害の克服の模索ではなく、その人の生活（人生）をこれからどのようなものにしていくのか、といった生活課題の追及にあります。障害をもって何もできない、年をとって何もできないという枠内に人生や生活を置くのではなく、その人をまずは「個」として捉え、健康とは何か、生活とは何かを問うことで、その訪問介護計画書が目指す生活がより一般的、普遍的なものになってきます。

利用者を取り巻く環境（環境因子）や障害の構造（身体機能・構造）により何ができて何ができないか（活動）、社会とどうかかわることができるか

図表 4-3　ICF の活用例

（参加）、本人の真の願いは何か（個人因子）のそれぞれの情報を関連づけると「主観的体験」としての「不満や悩み」が明らかになってきます。そこから本人の「意欲」が見え、その意欲を形にする試みの先に「生活全般の解決すべき課題（ニーズ＝本人の希望）」が明らかになります。そうすることではじめて訪問介護計画書の「長期目標・短期目標」を描くことが可能になります。そこから利用者が望む「よりよい生活」「よりよい人生」をイメージできるようになります。

ICF を訪問介護計画書へ活かす

　　　　　訪問介護計画書は、ケアマネが作成するケアプランに則って作成されます。ケアマネは、ケアプランを作成する時には、利用者の情報を分析し、課題を明らかにします（アセスメント）。その後、課題に沿って目標を設定し、課題を克服するために必要なサービス内容を抽出します。そのアセスメント時に、現場の各専門職間で、共通の専門用語として、「ADL（日常生活動作）」や「IADL（手段的日常生活活動）」「既往歴」「生活歴」などが以前からよく使われています。それに加え、共通言語の1つとして「ICF（国際生活機能分類）」があります。ですから実際、ICFを活用して利用者のニーズや目標を設定するのはケアマネの方が頻度が高いと考えられます。

　その後、提供する適切なサービス種別を選択し、ようやく訪問介護というサービスが登場するのです。言い換えれば、ケアマネは、利用者に必要なサービスをフィットさせていく専門家といえます。一方で、訪問介護が行なうアセスメントとはどのような行為なのでしょうか。

　それは、「ケアプランに位置付けられたサービス内容」の１つ１つの項目

について利用者および家族等の有する能力について「していること」「できること」「できないこと」を明確にしていくことです。すなわち、利用者の現状を把握した上で、利用者・家族の意向や要望を踏まえ、ヘルパーが「何を」担当して、具体的に「どのように」支援するのかを明確にしていく一連の流れを指しています。

　共通言語とは、多職種と連携するためのツールですから、汎用性のないものを使っても共通言語にはなりません。研修のカリキュラムは、受講する時期によって異なります。研修で習ったことのない人は、研修で教えられなかったというだけで、自分で知ろうともしないというような場合があります。このようなことからなかなか共通言語がつくれないのが現状です。そこで、アセスメントをする時には、特に参加：生活・人生場面へのかかわり（役割）について、焦点を当て、現状を把握して、その上で利用者・家族の要望を踏まえ、その方のできなくなった役割が少しでもできるように計画を作成します。

　サ責は、直接 ICF を活用することが必須とされていませんが、上記に示した通り、多職種と連携していく職種として、自身で ICF を通して利用者の全体像を見られるような視点を持っておくことが望まれます。

　例として、53 ページで示した図表 4-3 の事例を ICF を基本としたアセスメントシート（図表 4-4）に記入して展開しました。これは、第5章の訪問介護計画書や第7章の手順書にもつながっていきますので、合わせて参照してください。

引用文献
１）大川弥生『「よくする介護」を実践するためのICFの理解と活用―目標指向的介護に立って』中央法規出版，2009年

> **ここがポイント** ICF のアセスメントツールを使って、利用者の全体像を把握（個別性の把握）してみましょう

図表 4-4　個別介護計画アセスメントシート

わたしの思いや願い	「私の思いや気持ち」を実現するために～知っておきたいＡ・

・思いや気持ちを当事者から聞ければ、その内容を記入する。思いや気持ちが聞けない場合は、推測した内容を記入（どうしてそう思ったのかを「あなたの気づき」に記入する）。
①夫と2人でこのまま生活したい
②できるだけ自分のことは自分でやりたい
③自分で家事がしたい
④昔のように人とかかわりたい

＜Ｂ：こころとからだ　機能と構造＞
□身長・体重・体格
□痛み、障害　□通院・医療
□リハビリ等
⑭150センチ　60キロ
⑮リウマチのため手指に痛みがある
⑯膝関節症で膝を曲げることができない
⑰手すりなどを利用して歩行が可能である
⑱円背がある
⑲通院歴があり、内服薬がある

（多器官の機能状態等）
・精神・神経、目・耳、音声・発話、循環器
・消化器、泌尿器、運動（筋・骨）、皮膚
⑳聴力・視力は日常生活に問題はない
㉑麻痺は見られない
㉒他人を認知することができる
㉓咀嚼や嚥下には問題がない
㉔発語や発声は可

＜Ｃ：活動と参加＞
コミュニケーション　□視
表情で伝える　□理解
㉕コミュニケーションはス

運動・移動　□姿勢の
□歩行　□移乗　□移
㉖歩行は手引き、もしくは
㉗ソファーなど椅子で
㉘椅子やソファーから立
㉙外出は付き添いや杖が

セルフケア　□起床と就
磨き　□入浴　□衣服の
㉚食事：椅子に座ってる
㉛排泄：トイレでの排泄が
㉜入浴：浴室まで誘導す
ることが可能だが洗髪は
㉝着脱：介助すれば、衣類

対人関係と主な生活領域
㉞話し相手は基本的に夫
㉟付き添いがあれば散歩

社会的な出来事への関与
□役割
㊱リウマチのため、趣味
ている　㊳以前は社交的

＜Ａ：個人因子＞
⑤名前　○山△子　⑥（男・女）
⑦年齢（80歳）　⑧要介護2
⑨病歴・障害について
　リウマチ　膝関節症　要介護度2
　以前、軽い脳梗塞を起こす
⑩家族構成
　夫（83歳）と2人暮らし　近くに長男
　（55歳）夫婦が住んでいるが、共働き
　で仕事が忙しくなかなかみることがで
　きない
⑪生活歴
　華道を極め、自宅で華道教室を営んで
　いたが、結婚後専業主婦として夫を支
　えていた。2人の子どもに恵まれ、地域
　の人とかかわりながら暮らしていた
⑫趣味・特技・好きな過ごし方・きらい
　なこと
・風呂が好き
・花が好き
・生け花が得意
・人とかかわることが好き
・人の世話になることが嫌い
・頑固である
⑬生活リズム
・起床（5:00）⇒朝食（6:30）⇒家事やテレ
　ビを見る⇒昼食（12:00）⇒ボーっとしてい
　る⇒入浴（16:00）⇒夕食（18:00）⇒就寝
　（21:00）
・ほぼ1日中、家で過ごしている。
・生け花も手が痛いので行なっていない

＜Ｄ：環境因子＞自然環境・地域の特徴・建物や住居のハー
具・生活用品・支えている人・つながりの強さや弱さ・利用して
・人とのつながりについては、必ず記入すること。プランを実施する場合、誰とのよう
㊴夫と暮らしている　㊵一軒家に暮らしている（2階建て）
㊶家の中には手すりをつけている　㊷風呂場には手すりとバスチェアがある　㊸介
㊹主介護者は夫である　㊺長男夫婦の協力を得ることは難しい
㊻1日中、外に出ることがない　㊼家の中は、整理整頓されている
㊽地域との関係は良好である　㊾△子さん一人では、外出が難しい環境にある　㊿

B・C・D　＜根拠＞

セルフケアの現状＞

覚　□聴覚　□読む　□書く　□話す　□身振りや

ムーズで、視覚・聴覚は日常生活に問題がない

変換・保持　□起き上がり　□座る　□立ち上がり
動　□交通機関等
手すりを握っての立位での歩行は可能。
座っている時の姿勢保持は可能。
ち上がることは可能
あれば歩行は可能

寝　□食事・水分　□排泄　□手洗い・洗顔　□歯
着脱・身だしなみ　□服薬　□健康管理
プーンでの自力摂取可能。エプロン使用
可能
れば、パスポードやシャワーチェアを利用して入浴す
難しい
の着脱は可能

□話し相手　□家族・友人　□地域住民

をすることが可能である

や役割　□意欲・生きがい　□余暇の過ごし方

の生け花ができていない　㊲余暇はボーっと過ごし
であったが、現在は閉じこもりがちである

ド・部屋の状況・今使っている福祉用
いるサービス等
にすればよいのかがわかるようにしておく。

護保険を使っての在宅介護が可能である

夫も膝関節症であり、家事をすることが難しい

生きていくことを支える、セルフケアをふくらませるためには？　体力や歩行力を向上させるには？　閉じこもりを防ぎ、地域や社会参加するためには？

＜あなたの気づき・アセスメント　A・B・C・D相互関係＞

アセスメント項目番号	情報の関連づけ・解釈・統合化
① ②、③、⑨、⑪、⑫、⑮、㊼、㊿より	△子さんは要介護2で、歩行移動はなんとかできているが、リウマチのため手指に痛みがあり、また膝関節症により膝に痛みがあることから、思うように家事ができていない。自分のことは自分でやりたいという思いと、夫も家事ができていないことから、家事をできるだけ自分でやり、家の中を整理したいと思っているのではないか。
② ②、⑫、⑮、⑯、㉜、㊷より	昔から△子さんは風呂好きであるが、リウマチのため手指に痛みがあり、洗髪が思うようにできていないということから、洗髪の手伝いが必要なのではないか。
③ ④、⑨、⑪、⑫、㉞、㊲、㊳、㊻より	以前は、社交的であり地域とのかかわりがあったが、膝の痛みが強いことから、1日中家にいることが多くなっている。このことから他者とのかかわりを増やしたいと思っているのではないか
優先順位	生活課題（ニーズ）
①	膝が曲がらないので風呂やトイレの掃除ができずに困っている。自分でできるところは自分でしたい
②	お風呂で洗髪を手伝ってほしい
③	いろいろな人とおしゃべりしたり、運動をしてみたい

> このアセスメントシートは、東洋大学の介護福祉士を養成するコースで使用しているものです。
> ICFの標準の全体図を少し変化させ、利用者の全体像がわかるようなバージョンにしています。
> 生活課題までが浮き彫りになったら、ここから訪問介護計画書に落とし込み、長期目標・短期目標を設定し、サービス内容（具体的な支援内容や方法、手順）を記入していき、訪問介護計画の実施につなげていきます。
>
> **本章の53ページの図表や第5章・第7章の内容はこの事例を使用して作成しています**

東洋大学　ライフデザイン学部　生活支援学科　介護福祉士コース

4 情報の分析・解釈・統合

ニーズ（生活課題）を導き出すために

「整理した情報からニーズを引き出す」と言っても、わかったようなわからないような感じで、経験豊かなサ責がケアマネからの情報や担当者会議等での情報、訪問時に収集した情報等を、じーっと見ながら、「まあ、これとこれがニーズだから、訪問の目標はこれかな」と言っている傾向があります。つまり、経験によるところが大きく、サ責の頭のなかで行なわれる作業といっても過言ではありません。

よって、ニーズを体系化することが難しく、人に教えることも、自ら学びとることも難しいと感じる人が多いです。特に決められた方法があるわけではないですが、具体的には「何に困っているのか（困り事）」「どのような支援を求めているか（意向）」と情報を整理していくとニーズが明確になってきやすいでしょう。

情報を解釈していく

介護過程における情報収集では、利用者の状態像をできるだけ客観的に把握し、情報を整理した後は、1つ1つの情報について、解釈していきます。またADLについても「できる・できない」を見るだけではなく、その状態を利用者が「どのように思い、感じているか」を把握することが大切です。そして、どのように支援すれば生活能力の向上につ

ながるかを検討します。また、「支援すればできるようになる」ためには、利用者本人の「できるようになりたい」という意欲を引き出していくことも必要です。これが自立支援の視点です。いくら、家の廊下に手すりをつけたからといって、本人の意欲がなければ、手すりにつかまって歩くことはできません。情報収集しながら、介護方法（手順）を決めつけていないでしょうか。「介護方法＝答え」ありきのアセスメントをしないためにも前節でも取り上げた ICF のアセスメントツール等から情報を整理し、組み立て直すことが大切です。

情報を整理して組み立てる

ここが
ポイント
訪問介護計画書の作成は、アセスメントしながら利用者の要望に沿って作成します。アセスメントと訪問介護計画の作成は決して別々にあるものではなく、延長線上にあると考えるほうが自然です

5 生活課題（ニーズ）の明確化

ニーズ（生活課題）の特定

「日常生活のなかの解決すべき課題」＝「ニーズ」であり、ヘルパー派遣のためのアセスメントとは「その利用者が在宅生活を継続するために何が問題になっているか」に焦点を絞り、生活の障害となっているものを探っていきます。

そのためには、1）利用者本人の希望、2）家族の要望というように整理します。さらに、3）ケアマネから見て何が問題なのかをはっきりと捉えます。そして最後に、4）ケアマネから見た問題を利用者はどう受け止めているのか、を見極めることが重要です。

ニーズの抽出方法

基本となる視点は以下の通りです[1]。

> ①本人の要望は何か
> ②家族の要望は何か
> ③要望する理由は何か、その原因は何か
> ④原因はどうして起きているのか。生活障害の原因を把握する
> ⑤その原因を取り除くことはできるか、できないか
> ⑥原因を除去できない場合、どんなことで代替すれば課題は解決できるのか

上記の「③（原因）のため→④（困りごと）だが→①（意向）したい」とつなげるとニーズの文章になります[2]。

例えば、

（1）糖尿病のため、カロリー制限が必要だが、おいしい食事を摂りたい。

（2）認知症のため、物忘れが出てきたが、これまで同様、家族と仲良く暮らしたい。

　訪問介護計画書は本人や家族も見ます。「認知症」など障害名に対して本人が抵抗感を持つ場合もあるため、書かないこともあります。

　そして、⑤や⑥のようにこれらのニーズに対して、何を支援すればいいかを具体的に書くことで、訪問介護の目標や訪問の目的となり、訪問介護計画書に反映することができます。

ニーズに対してどんな支援をするか

（カロリー制限が必要）

（おいしい食事を摂りたい）

（どんな支援をするか）

引用・参考文献

1）大橋佳子・須加美明「訪問介護計画書マニュアル」中央法規出版、2001年
2）榊原宏昌「居宅＆施設ケアプラン立案の方程式」日総研出版、2014年

> **ここがポイント**　訪問介護計画書に「訪問の目的」や、その目的を実現するための具体的な「目標」を記入するためにも、ニーズの明確化が大切です

訪問介護計画

第5章

1 居宅サービス計画書と訪問介護計画書

居宅サービス計画書をもとに訪問介護計画書を作成する

居宅サービス計画書（ケアプラン）とは、ケアマネが作成する、利用者の基本情報や総合的な援助方針が記載されたもので、主に第1表といわれる「居宅サービス計画書（1）」（図表5-4）と第2表の「居宅サービス計画書（2）」（図表5-5）、第3表の「週間サービス計画表」（図表5-7）で構成されています。

第1表には、介護を受ける本人の基本情報や要介護度、本人や家族の生活に対する意向、総合的な援助の方針等が書かれています。第2表では、解決すべき課題と長期、短期の目標、サービス内容と、それらを担うサービス種別等、第3表は、週の全体の支援体制がわかる内容になっています。

一方、サ責が作成する訪問介護計画書は、ケアプランの支援の目標や訪問介護のサービスに沿って訪問介護の視点から、第4章で説明した介護過程の展開を計画として可視化したものです。

サービス全体を示すケアプランに対して、訪問介護計画は、訪問介護の担当部分について具体的に示した計画といえます。サービス全体を把握した上で、訪問介護ではどれくらいの期間でどのような方法でどんな支援を何回するか等、具体的に記載しているのが訪問介護計画書です。

訪問介護計画書の役割

　　　　　訪問介護計画書の作成は必ずサ責が行なう重要な業務です。サービス開始前に利用者本人や家族に内容を説明し、同意を得てサインをもらった上でケアマネにも提出します。

　訪問介護計画書は、これから始まるサービスが利用者自身の自立のための支援であることを利用者やその家族にも確認してもらい、担当ヘルパーにもそれらのことをよく理解してもらうためにも必要です。そのため、誰にとってもわかりやすい文章で作成しましょう。

　また、訪問介護計画書は短期目標の達成時、ケアプランの変更時等必要に応じて更新します（サービス内容が同じ場合、回数や曜日、担当者変更の際には更新の必要はありません）。

訪問介護計画書は、決まったフォーマットがあるわけではありません。各事業所で違いがあります。

図表 5-1　訪問介護計画書に盛り込む内容（老企第 25 号より）

① 利用者の基本情報：氏名、年齢、性別、生年月日、要介護度と認定有効期間
② 訪問介護計画書を作成したサ責の氏名、事業所名等連絡先、本人や家族に説明した日付、交付した日付と本人や家族のサイン
③ 本人や家族の意向・希望
④ サービス内容：訪問日時、サービス時間、サービス区分、担当するヘルパー名、利用者の自立した部分（できること）
⑤ 課題や具体的な支援内容、長期、短期の目標とその期間
その他、緊急の場合の連絡先、連絡方法等、サービスの目的と内容の他にサービスが開始された後のさまざまなことを想定して必要なことを吟味して書くとよいでしょう

ここがポイント　これらの書類は、保管期間が決められています。県または市町村に確認し、個別ファイルに整理して確実に保管しておきましょう

② 訪問介護の視点でのアセスメント

訪問介護のアセスメント

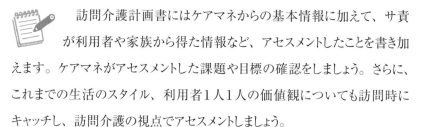

　　　　　訪問介護計画書にはケアマネからの基本情報に加えて、サ責が利用者や家族から得た情報など、アセスメントしたことを書き加えます。ケアマネがアセスメントした課題や目標の確認をしましょう。さらに、これまでの生活のスタイル、利用者1人1人の価値観についても訪問時にキャッチし、訪問介護の視点でアセスメントしましょう。

　本人や家族の意向については、ケアプランの第1表「居宅サービス計画書（1）」（図表5-4）から転記する場合もあれば、訪問介護サービスが担う部分についての本人や家族の要望を含めて書く場合もあります。

　また、課題や目標は訪問介護の視点で具体的な内容を盛り込みます。ケアプランの第2表「居宅サービス計画書（2）」（図表5-5）に具体的に示されている場合は転記することもあります。

　訪問時に確認した、本人や家族の意向、サービス内容と、ケアプランに書かれている内容がくい違う場合はケアマネに報告し、相談をするなどしてサービス開始の準備をしましょう。

自立支援の視点

　　　訪問介護を実施する際に忘れてはならないのが、自立支援の視点です。住み慣れた自宅で、利用者の状態に応じた自立の支援を行なうのが訪問介護です。

　利用者本人のできることと実際にしていることに違いはないか、どう支援をしたら本人の能力を最大限に活用できるかを考えます。必ずしも支援をする環境が整っている場合ばかりではないため、利用者だけでなく、生活環境も観察し、暮らし方を把握していくことも自立のための支援には必要です。

図表5-2　居宅サービス計画書（1）から転記＋訪問介護で担う内容

68 ページの居宅サービス計画書（1）から、　　　を抜き出し、実際に訪問をして、訪問介護の担う部分を確認した内容を加えたのが　　　の部分です。

【本人及び家族の希望】
本人　このまま自分の家で夫と二人で暮らしたい。家事のできないところを手伝ってほしいなるべく自分でも家事をしたい。
家族　今まで通り、二人で仲良く暮らしてほしい。
　　　できるところは本人にやってもらいたい。できないところを手伝って欲しい。

図表5-3　自立支援の視点

下記は 76 ページの訪問介護計画書からサービス区分と内容を抜き出しています。利用者が自分でする部分を　　　で示しています。
ヘルパーが利用者の状態を見ながら判断し、見守ったり、部分的に支援したりする部分が　　　の部分です。

【サービス区分と内容】
（1-6 自立生活のための見守り的支援）
ヘルパーが掃除機を用意し、運び、〇山さんが掃除機がけをする。洗濯をまわしておいてもらい、洗濯機から出すのを手伝い、一緒に干す。

（留意点）その日の体調によって範囲を決める

 利用者が自分ですること等、具体的に書きましょう

図表 5-4　居宅サービス計画書（1）

作成年月日　　年　　月　　日

初回 ・ 紹介 ・ 継続　　　認定済 ・ 申請中

第1表		

利用者名　○山 △子　殿　　　　生年月日　1939 年　1 月　1 日　　　　住所　○○県 ○市

居宅サービス計画作成者氏名　○田　○夫

居宅介護支援事業者・事業所名及び所在地　○○県 ○市

居宅サービス計画作成（変更）日　2019 年　8 月　10 日　　　初回居宅サービス計画作成日　2019 年　8 月　10 日

認定日　2019 年　7 月　20 日　認定の有効期間　2019 年　8 月　1 日～2022 年　7 月　31 日

要介護状態区分　　要介護 1 ・ 要介護 2 ・ 要介護 3 ・ 要介護 4 ・ 要介護 5

利用者及び家族の生活に対する意向	本人：ここで夫と暮らしたい。リウマチ、膝関節症で思うように家事ができないのでお手伝いしてほしい。 自宅での入浴（シャンプー等）が大変になってきているのでデイサービスで少し手伝ってもらって入浴したい。このままここで一人で生活したい。 夫：自分も思うように動けないので助けてほしい。このまま一人で生活したい。 長男：仕事が忙しくてなかなか看ることができない。サービスを利用してこれまで通りここで生活してほしい。
介護認定審査会の意見及びサービスの種類の指定	
総合的な援助の方針	ご夫婦とも膝関節症があり、できない家事も増えてきているようです。 できない部分について、ヘルパーと一緒にしていきましょう。 デイサービスで洗髪を含む入浴の支援をします。 他者との交流をしていけるよう支援します。
生活援助中心型の算定理由	1．一人暮らし　　2．家族等が障害、疾病等　　3．その他（　　　　　　）

居宅サービス計画について説明を受け、内容に同意し交付を受けました。　説明・同意日　　年　　月　　日　　利用者同意欄　　　　印

利用者の基本的な情報をチェック！

いつまでの計画なのか期間をチェック！

訪問介護が担う部分を読み取り、訪問時にさらに具体的な要望を聞き訪問介護計画等に反映させましょう

68

図表 5-5　居宅サービス計画書 (2)

第2表

利用者名　○山　△子　殿

作成年月日　　年　　月　　日

生活全般の解決すべき課題（ニーズ）	援助目標				援助内容					
	長期目標	（期間）	短期目標	（期間）	サービス内容	※1	サービス種別	※2	頻度	期間
膝が曲がらないので、風呂やトイレの掃除ができず困っています。自分でできるところは自分でしたいです。	夫婦二人での生活が継続できる	2019.8.1～2020.7.31	屈めないので、屈む場所の掃除を見極め、一緒にできるところは一緒にする。	2019.8.1～2019.10.31	洗濯、トイレや風呂、居室の掃除を一緒にする		訪問介護		週2回	2019.8.1～2020.7.1
	清潔 お風呂でシャンプー等洗髪を行ない、保持ができる	2019.8.1～2020.7.31	できる洗身は自分でする。	2019.8.1～2019.10.31	入浴の一連の動作の見守り、洗髪の介助		通所介護		週2回	2019.8.1～2020.7.1
	社会 他者と交流し、参加をしていく	2019.8.1～2020.7.31	体操や手作業に楽しみながら参加できる	2019.8.1～2019.10.31	趣味や興味のあることを提案し、参加を促す。個別機能訓練をする。		通所介護		週2回	2019.8.1～2020.7.1

チェック！

具体的にどの場所を誰がどうやって掃除するかまでは書かれていません。何ができて何ができないかが聞く必要あり。

※1「保険給付の対象となるかどうかの区分」について、保険給付対象内サービスについては○印を付す。
※2「当該サービス提供を行なう事業所」について記入する。

居宅サービス計画について説明を受け、内容に同意し交付を受けました。

説明・同意　　年　　月　　日	利用者同意欄　　　　　　　印

3　課題と目標の立て方

課題を読み解く

　　　　　ケアプランの第2表「居宅サービス計画書（2)」には、「生活全般の解決すべき課題（ニーズ）」が書いてあります。ケアマネからの依頼表や、ケアプランに書いてある課題から読み取るだけでなく、実際に訪問した際に情報を得て介護過程を展開します。利用者や家族の生活への意向や本人の望む姿に対して、現状がどう違うのか、どこに困難さがあるのかなどから考えることが大切です。在宅でこれまでの生活を続ける際に、できることは何か、してきたことは何か、できなくなったことは何かを考えることで具体的な課題が見えてきます。

目標の立て方と留意点

　　　　　ケアプランの第2表「居宅サービス計画書（2)」を見ると、訪問介護が担う部分の目標とその期間が示されています。ケアプランの訪問介護の部分の目標から転記するだけではなく、それらの目標から、訪問介護サービスとして担う内容を読み解き、訪問して得た情報を加え、利用者本人や家族と相談した上で、より具体的な目標にしていくことが重要です。

　長期目標は、利用者本人のニーズに対する長期的な目標が設定されます。短期目標は、数週間から6か月後の利用者の状態像とし、具体的で、今、支援が必要になっている部分に対して、できるところを少しだけ増やすような

視点で立案するといいでしょう。具体的であればあるほど、評価の視点も定まり、担当ヘルパーにも伝えやすくなります。

　また、ケアのPDCAサイクルを回す（第9章）ためにも、目標に対する利用者の変化等を評価し、見直しや改善などについても考えます。ケアマネにモニタリング結果として報告、連携する多職種とも情報交換をしながら利用者の一番身近な存在だからこそできるきめ細やかな対応をしましょう。

図表5-6　居宅サービス計画書（2）踏まえ、訪問介護の視点でアセスメント

具体的な内容を加え、さらに〇山さんの身体状況等から何をどこまでできるかアセスメントしたことで目標を構成しています。第4章第3節のICFにあるように、プラス面に着目し、生活機能に加え、訪問介護では特に背景因子や個人因子などをよく見ながら、していること、できること等のプラス面を活かした支援内容、目標にしましょう。

【訪問介護計画書の目標】
長期目標　夫婦二人で、できる家事を続けながら生活を維持できる
短期目標　ヘルパーの見守りや声かけを受け、居室と玄関までの廊下の掃除機がけができる
　　　　　トイレや風呂をヘルパーと一緒に掃除することにより、衛生環境を良好に保つことができる
　　　　　洗濯物をヘルパーと一緒に干すことができる

見えない部分の把握

　　　ケアプランの第3表「週間サービス計画表」（図表5-7）では、週単位で利用者がどのようなサービスを何時に何回使っているかが一目でわかります。また、利用者の日常の生活の流れについても書いてあります。私たち訪問介護は、限られた時間での訪問しかできません。訪問していない時間帯の利用者の生活のリズムの把握することは、利用者の自立、生活しやすい環境づくりにも役立てることができます。他のサービスがいつ入るかを把握することは、他のサービスへの申し送りをより迅速に確実に行なうためにも重要です。

ICF と訪問介護計画

　　　　第4章で述べましたが、訪問介護計画の目標を設定する上で
ICF の視点が大切です。ケアマネが作成したケアプランを見れ
ば、訪問介護がどのようなことをするのかがわかります。しかし、サ責自身
が ICF などのツールを使用し、介護過程の展開を通して利用者について考
えなければ気づきも少なく訪問介護計画書や手順書などに具体的な内容を
示すこともできません。

　生活することの全体が見えてくれば、さまざまな面から、より効果的な働き
かけを考えることができます。利用者の生活のなかに入るヘルパーは、利用
者が大切にしていることや、プラスの面も他の職種より気づきやすいはず
です。それらの気づきを活かすためにも ICF というツール等で考えられるように
しましょう。

ここが
ポイント　　利用者の生活をイメージ!!

図表 5-7　週間サービス計画表

第 3 表　　利用者名　○山　△子　殿　　　　　　　作成年月日　　年　　月　　日

	月	火	水	木	金	土	日	主な日常生活上の活動
深夜 4:00								
早朝 6:00								5:00　起床 6:30　朝食
午前 8:00	訪問介護	通所介護						午前中　家事、ＴＶ
午前 10:00			訪問介護	通所介護				
12:00								12:00　昼食
午後 14:00								
午後 16:00								16:00　入浴
18:00								18:00　夕食
夜間 20:00								
夜間 22:00								21:00　就寝
深夜 24:00								
深夜 2:00								
4:00								

利用者の生活をイメージできますか？
不明な部分は利用者と関係をつくるなかで情報収集しましょう

週単位以外のサービス

4 サービス内容と留意点

サービス内容の書き方

訪問介護計画書の書き方（図表5-9）で一番大切なのは、利用者や家族にわかりやすい内容、文章であるということです。いつ、誰が、何をするのか、ヘルパーがどのような支援をするかということだけでなく、利用者自身が何をどこまでするかについても、長文にならないよう配慮しながら具体的に書きます。

訪問介護計画書は本人や家族に見せ、説明する必要があるため、文章は「です・ます調」で書きます。また、敬語等については多用すると文章が長くなり、わかりにくくなるため適度の使用を心がけましょう。

適切な支援のための留意点

訪問介護計画書に書き加える留意点は、ポイントを絞って書くことが大切です。サービス内容に含めるべき内容か、留意点として書くべき内容かを吟味して書きます。

また、自立生活支援のための見守り的援助などの身体介護の場合については、常に利用者のそばで手助けできる状態での見守りをすることや、声かけをすることなどは、サービス内容の他、留意点としても明記しておくとよいでしょう。

どんなところを観察するのか、自立支援として評価すべき視点はどういった

ところなのかについて書くことは、担当ヘルパーや利用者が何のためのサービスなのかを意識することにつながります。そして、訪問介護でできる範囲、個々の生活のルールなどを書くことは、利用者と担当ヘルパーの両者がよい関係性をつくることにつながります。サ責は書類を見る相手への配慮を忘れず、訪問した際に、利用者や家族が困ることがないよう事前にさまざまなことを想定するよう心がけましょう。見やすさ、わかりやすさも信頼や安心につながります。

老計第10号に則って、何をどう見守るのか、利用者に対してヘルパーはどの位置に立って、何に気をつけて、どんな声かけをして見守るのかをしっかりと計画書や手順書に書くようにしましょう。

図表5-8　自立支援のための見守り的援助（老計第10号より抜粋）

- 利用者と一緒に手助けや声かけ及び見守りしながら行なう掃除、整理整頓（安全確認の声かけ、疲労の確認を含む）
- ゴミの分別が分からない利用者と一緒に分別をしてゴミ出しのルールを理解してもらう又は思い出してもらうよう援助
- 洗濯物を一緒に干したりたたんだりすることにより自立支援を促すとともに、転倒予防等のための見守り・声かけを行なう
- 利用者と一緒に手助けや声かけ及び見守りしながら行なうベッドでのシーツ交換、布団カバーの交換等
- 利用者と一緒に手助けや声かけ及び見守りしながら行なう衣類の整理・被服の補修
- 利用者と一緒に手助けや声かけ及び見守りしながら行なう調理、配膳、後片付け（安全確認の声かけ、疲労の確認を含む）
- 車いす等での移動介助を行なって店に行き、本人が自ら品物を選べるよう援助

ここがポイント　まずは、わかりやすく書くことが大切です

図表 5-9　訪問介護計画書

計画作成者：　　　　　　　　　　　　作成年月日　　年　　月　　日

利用者	フリガナ		性別	生年月日	要介護2
	氏名	○山　△子　　様	男	M・T・S	
			女	月　日	

利用者住所	〒○○○ - ○○○○ 　　○○県　○市 電話：　-　-　　FAX：　-　-　　携帯：　-　-
主介護者連絡先	電話：　-①-　FAX：　-　-　　携帯：　-　- E-mail：

本人及び家族の希望 ②	本人　　このまま自分の家で夫と二人で暮らしたい。 家事のできないところを手伝ってほしい。なるべく自分でも家事をしたい。 家族　　今まで通り、二人で仲良く暮らしてほしい。 できるところは本人にやってもらいたい。できないところを手伝って欲しい。
長期目標 ③	夫婦二人で、できる家事を続けながら生活を維持できる

短期目標	ヘルパーの見守りや声かけを受け、居室と玄関までの廊下の掃除機がけができる。	期間	2019 年 .8.1 ～ 2019 年 .10.31
	トイレや風呂を一緒に掃除することにより、衛生環境を良好に保つことができる		2019 年 .8.1 ～ 2019 年 .10.31
	洗濯物をヘルパーと一緒に干すことができる		2019 年 .8.1 ～ 2019 年 .10.31

週の予定	月	火	水	木	金	土	日
時間	9：00 ～ 10：00		9：00 ～ 10：00				
区分	身体介護		身体介護				
担当者							

サービス区分	サービス内容	所要時間	留意点
1-0 サービスの準備・記録 1-0-1 健康チェック	○山さんの健康状態について確認する	15 分	
1-6 自立生活のための見守り的支援 ④	ヘルパーが掃除機を用意し、運び、○山さんが掃除機がけをする。洗濯をまわしておいてもらい、洗濯機から出すのを手伝い、一緒に干す。トイレの便座は○山さん、床はヘルパーが掃除する	45 分	その日の体調によって範囲を決める ⑤

上記の訪問介護計画について説明を致しました。

説明者　　　　　　　⑥　　　　　　　　　　　事業所

上記の訪問介護計画の説明を受け、内容に同意し、交付を受けました。
利用者同意日：サイン・捺印

　　　年　　　月　　　日　　利用者（家族）サイン　　　⑦　　　　　　　　印

①主介護者連絡先：緊急の場合に必ず必要になります。
　サービス時間帯に連絡がつく電話番号、メールアドレスなど必ず家族に確認しましょう。

②本人及び家族の希望：第 1 表（居宅サービス計画書（1））を踏まえて書きます。
　初回訪問時にサービス内容を確認するなかで、訪問介護で担う部分について本人や家族からの要望を聞き逃さないようにしましょう。

③長期目標、短期目標：第 2 表（居宅サービス計画書（2））の内容を踏まえ、訪問介護独自の視点でアセスメントします（第 4 章の介護過程の展開をチェック）。ヘルパーの目標ではなく、利用者の目標だということを履き違えないようにしましょう。目標達成の期間と目標の内容が適切かどうかも確認します。

④サービス区分とサービス内容：サービス区分は、ケアマネからのサービス提供依頼表や、第 3 表などにも書かれています。確認して記入しましょう。特に身体介護で見守り的な支援をする場合は、自立支援の部分、利用者が自分でする部分や、一緒にすることなど、しっかりと書きましょう。

⑤留意点：訪問時の利用者や家族の様子を見て、何を留意点として書くべきか見極めましょう。

⑥説明者・事業者：説明者の氏名は、説明を終えた時点でその場で書くようにしましょう。

⑦利用者の同意：ヘルパーやサ責が利用者や家族に代わってサインをすることはできません。平仮名、カタカナでの記入であったとしても、枠をはみ出たとしても、本人が書ける場合は本人に書いてもらいましょう（本人が書けない場合は、家族が書いたり、成年後見人制度を利用する場合もありますが、まずはケアマネに聞き、確認しましょう）。

第**6**章

サービス担当者会議

1 サービス担当者会議における サービス提供責任者の役割

サービス担当者会議とは

居宅介護支援の運営基準によると、担当者会議はケアマネが本人や家族、そしてケアプランの原案に位置付けている各サービスの担当者を招集して行なう会議で、ケアプランの確認を目的としています。開催時期は、①ケアプラン原案が作成された時、②利用者が要介護更新認定を受けた時、③利用者が要介護状態区分変更の認定を受けた時です。サ責は、利用者に関する情報を共有したり、それに対して訪問介護という専門的な立場からの意見が求められています。

逆に訪問介護の運営基準には担当者会議等を通じて利用者の心身の状況、置かれている環境や他に利用者が使う医療や介護サービスから本人の情報を把握することが求められています。つまり、担当者会議におけるサ責の役割は、①訪問介護のアセスメント情報を伝える、②訪問介護の立場から専門的意見を述べる、③他の職種・他サービスの意見や情報から利用者の状態を把握するの3つがあるといえるでしょう。

本人の声を代弁する

担当者会議はケアプランの確認が目的といいましたが、このなかにある総合的な方針や長期・短期目標は本人の主訴やニーズに基づいてつくられています。ですから、本人の声が反映されていないとケア

プランは適切とはいえないのです。

　そのように考えると、訪問介護は他の職種・他サービスに比べて、長く、深く利用者の生活拠点である自宅に入り、本人の声に触れる機会が多いという特徴があります。つまり、サ責の役割には日頃、見近にいるからこそわかる、④本人の言葉の代弁（アドボカシー）もあることを押さえておきましょう。

ここが ポイント　担当者会議におけるサ責の役割は「アセスメント情報の伝達」「専門的意見の伝達」「他の職種からの情報把握」「本人の言葉の代弁」です

2 サービス担当者会議に臨む準備

サービス提供責任者の役割に応じた情報を集める

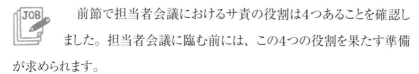

前節で担当者会議におけるサ責の役割は4つあることを確認しました。担当者会議に臨む前には、この4つの役割を果たす準備が求められます。

まずは、「アセスメント情報の伝達」です。本人が困っていることや本人が自覚できていないような事柄もその根拠も含めて把握しておきます。そして、今後、大きく生活に支障をきたす要因も根拠を持って把握しておきましょう。

本人の言葉やアセスメント情報を踏まえて、訪問介護のプロとしてどのようなことを伝えるかが「専門的意見の伝達」になります。また、他の職種や本人、家族から意見を求められることもあるので、日頃からヘルパーとしての力（例えば、生活実態を把握し、本人の心身の状況や生活環境から今後の可能性やリスクを見立て介入していく力）や関連する知識等を身につけておくことも大切な準備になります。

そして、サービス提供における疑問について他の職種に聞きたいことをあらかじめ用意しておくと「他の職種からの情報把握」がスムーズになります。

最後に「本人の言葉の代弁」です。日頃の生活のなかで本人がどのような思いや困り事を話しているかを把握しましょう。何気ない会話のなかにヒントがあります。そして、ケアプランや訪問介護計画書にある目標について意見を求めることも必要です。できればそれぞれの言葉を担当者会議前に

図表 6-1　担当者会議前の各準備

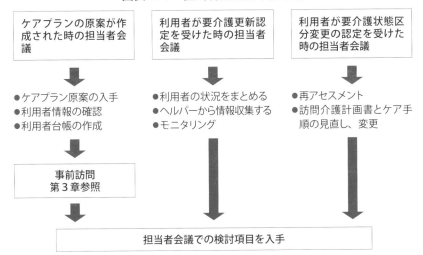

「それがあなたの思いなのですね」と確認しておくとよいでしょう。

一番の情報源は利用者にかかわるヘルパー

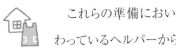

　　　　これらの準備において一番大切なのは、日頃から本人にかかわっているヘルパーから先述した内容に関する情報や、現場での疑問や困り事を聞いておくことです。また、単にヘルパーに聞くだけではなく、ヘルパーに対して「ここを確認しておいてください」「本人は何と言っていますか」というように、把握すべき情報を持ってきてもらえるような指示を出しておく等、主体的に情報を取りに行くような姿勢、ヘルパーとのコミュニケーションが重要になってきます。

 ここがポイント ヘルパーに、「調理を一緒にできる時、できない時の違い」や「食事をどのくらい食べているか」などを具体的に指示して確認してもらいましょう

3 サービス担当者会議で失敗しないためのコミュニケーション術

優先順位をつけて準備を活かすことが重要

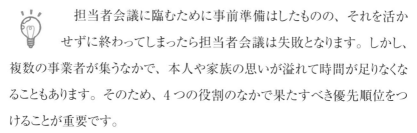

担当者会議に臨むために事前準備はしたものの、それを活かせずに終わってしまったら担当者会議は失敗となります。しかし、複数の事業者が集うなかで、本人や家族の思いが溢れて時間が足りなくなることもあります。そのため、4つの役割のなかで果たすべき優先順位をつけることが重要です。

例えば、本人の状態が低下傾向にあり、それに伴い現行の支援内容に対して疲労感や不満が出てきているのであれば、本人の言葉や実際の状態からアセスメントし、どうすることが本人にとってよいかを考え、本人に確認しておきます。担当者会議では、本人の言葉を基にしたアセスメントを根拠に支援内容の修正を発議するといった優先順位をつけます。

話し合うべきことに優先順位をつけて臨むと、時間に限りのある担当者会議で消化不良のまま終わるということは避けられます。また、ケアマネに話し合いたい議題として事前に優先順位を伝えておくことも有効です。

コミュニケーション術は日頃の行動の積み重ね

担当者会議は本人のよりよい生活に向けた話し合いの場です。事前準備やケアマネに議題を提案しておけば、消化不良で終わることはないはずです。しかし、もし消化不良に終わるとしたら、それは本人

だけでなく、家族や他の職種・他サービスと意見の衝突が起きてしまった時です。

　実は失敗しないコミュニケーション術は当日のコミュニュケーション以上に、家族や他の職種・他サービスと日頃からコミュニケーションを図っておくことなのです。具体的には本人の課題や互いの困り事を共有したり、本人の気持ちや考えを柔らかく代弁したり、顔馴染みの関係をつくり一緒に同じ方向を見ていることを確認することなどです。

　日頃の電話対応やモニタリング訪問、地域の連絡会など、時間を見つけて少しでも話すことを意識しておくとよいでしょう。

図表 6-2　担当者会議のコツ

1）4つの役割に優先順位をつける

2）優先順位を議題としてあらかじめケアマネに提案

3）家族の想いを傾聴する

4）サービスに対する不満や要望を聴いておく

5）日頃からの関係づくり

ここが　ポイント　当日のコミュニケーション以上に、日頃からのコミュニケーションを大事にしましょう

4 サービス担当者会議 あるある対処法

家族ニーズ中心の担当者会議

　　担当者会議において事前準備をしていても、本人中心の会議として進めにくい場面に遭遇することは少なくありません。

　家族ニーズが中心となってしまった担当者会議では、介護負担で疲弊している家族の想いが溢れ、また、日中1人にしておくことに対する家族の不安から本人の望まないサービス量を要求されることがあります。

　基本的に担当者会議には本人と家族が同席しています。このようなフォーマルな場を設定することは、普段は話し合えない家族同士の想いを分かち合う機会ともなります。家族の要求に対して、本人はどう思うかと問いかけて、本人の想いを引き出し、言葉にしてもらって、家族に聞いてもらいます。本人、家族個々の想いを聞き合った後は、両者を含めた家族全体が目指す理想的な姿に向けて、一段目線を上げて想いを話してもらうことです。

　家族全体の共通目標に対して、今度はそれぞれ何ができるか、何について折合いをつけるかを考えてもらいましょう。その際、互いが負うリスクも説明することが大切です。例えば、毎日デイに行ってもらいたい家族に対して、本人の疲労感が増してかえって在宅生活に支障が出るリスクや、家族が倒れてしまったら本人はどんな想いがするかを伺うなどです。

　そして、目標や具体的な取り組みの案が出たら、本人と参加者の合意へと落とし込みます。ケアマネや多職種との役割分担を感じ取りながら、本人

と家族が共通の目標を目指せるよう対話をアシストすることが大事です。

本人不在の担当者会議

　　　　　重い認知症など、意思表示が難しい利用者の場合、事業者や家族だけの意見交換になりがちです。しかし、どんな状態であっても、本人に話しかけ、話し合いの内容や合意について伝えること、本人の意思表明を促そうとする働きかけが大事です。1人でも本人を尊重した姿勢を見せると、他の出席者もその言動に導かれるはずです。

　担当者会議は本人のための場であるということを忘れず、言動で示し続けることが何よりも大切です。

ここが ポイント	担当者会議は本人のための場であることを忘れてはいけません

5 サービス担当者会議後にやるべきこと

決まり事をサービスに反映する

　　担当者会議では、新たなケアプランがつくられたり、更新されるなど、本人の望む生活に向けた具体的な目標が決まります。その他に、話し合いで出てきたケアプランに書ききれない本人の願いや困り事、訪問介護に求められる具体的なサービス内容や手順、変更点、家族との決め事、他の職種や他サービスとの新たな連携等、色々なことが出されます。

　担当者会議という場で合意したものは、とても重要な決まり事です。サ責は担当者会議以後に提供される訪問介護において、これらの決まり事が漏れなく守られるように、必要なことを行なわなければなりません。

　具体的に行なうべきことは下記の4つです。担当者会議は開催理由がまちまちなので、下記のすべてを毎回行なう必要があるとは限りません。しかし、そのつど必要性を判断し、きちんと対応するようにしましょう。

①訪問介護計画書の作成・更新、②手順書の更新、③ヘルパーへ具体的な変更点の伝達・同行、④具体的なサービス時間の調整

具体的な取り組み

①要介護認定の変更・更新はもちろん、ケアプランの目標に変化があれば、それに準じて訪問介護計画書も変更・更新をしなくてはなりません。計画の有効期間や要介護度などを確認して、漏れなく作成し

ましょう。

②具体的なサービス内容の変更や、手順の変更や追加がある場合は更新をしましょう。

③サービス内容や手順の変更がある場合は、ヘルパーが知らないということがないよう、確実に伝達し、同行して変更された内容を実行できるように指導しましょう。

④サービスの内容や時間に変更がある場合は、他の利用者のサービス時間やヘルパーの訪問時間に影響がないようにスケジュール調整を行ないましょう。

ここがポイント　会議後に行なうべきことは、「計画書の更新」「手順書の更新」「ヘルパーへの伝達・同行」「サービスの調整」の４つです

発言してよかった
～本人や家族の言葉を初めて代弁した時～

　サ責として初めて一人で担当者会議に臨む際は、どれだけ準備していても緊張するものです。もちろん私にもそんな担当者会議デビューがありました。上司や先輩が同行してくれていると困った時に助けてもらえますが、一人の時は自分が訪問介護のすべての責任を背負います。

　初めての担当者会議では、ケアマネ、訪問看護師、デイの相談員、利用者本人（言語コミュニケーションはできない方）と奥さま、そして私でした。普段からご主人想いの奥さまが熱心に介護をしているというご夫婦でした。

　その日の担当者会議は、奥さまの介護負担を軽減するためにデイを増やすということが中心で、ケアマネと相談員がほぼ二人で話しているような場でした。奥さまはうつむき加減で、発言する二人の顔を交互に見ていました。私はその様子に一言発言したいと思いながらもできずにいました。そして、ほとんど二人の会話でサービスを増やす予定が決まりかけた時、私は思い切って「奥さま、ご主人の介護が大変になってきたとは伺っていますが、本当にデイサービスを増やしたいのですか」と赤面しながら発言しました。

　すると奥さまの表情がパッと明るくなり「主人はデイサービスに行くと疲れたようで夜のオムツ交換も大変なんです」「夫の病気で気になることがある」と不安に思っていることを次々と発言されました。その結果、訪問看護の相談支援や訪問介護のサービスを増やす方向になったのです。

　会議後に、奥さまから「おかげで不安に感じていたことが言えました。ありがとうございます」と感謝され、訪問看護師からは「あなたのおかげで奥さまと本人のための会議になりました」と声をかけられました。

　間違っているかもしれない、空気を乱すかもしれない。それでも本人と家族のための代弁ができるのは、日頃からその声を身近で聞いているヘルパー、サ責なのだと知り、その後の自信につながる経験になりました。恐れずに、発言することの大切さを皆さんも実感してほしいと思います。

第 7 章

手順書作成・
同行訪問・実践

1 手順書作成のための観察と確認

事前訪問と支援のための準備

サ責は、訪問介護計画書を作成するためのアセスメント、サービス開始の準備をするために契約等も含めた訪問をします（事前訪問：第3章）。この初めての訪問（本書では、事前訪問でこれらを行なうことが前提ですが、状況により前後することはあります）では、ケアマネから依頼された内容を基に、本人や家族の意向を確認し、訪問介護の視点での情報収集をします。

ケアマネの依頼書を基に、訪問介護で担う部分について本人や家族の意向を聞き、細かな内容を決めるなかで、訪問介護が担う部分での長期目標や短期目標について検討してきます。

こうした訪問は、訪問介護計画書や手順書の作成のための準備となるだけでなく、利用者本人や家族が訪問介護サービスを受けることへの導入にもなるため、自身のちょっとしたしぐさや態度、言葉遣いなどにも十分に気をつけ、スムーズなサービス導入につなげていきましょう。

支援のための確認

訪問介護サービスは利用者の能力に応じた自立生活の支援を行なうサービスです。つまり、できないところを補うだけのサービスではなく、利用者なりの自立、できるところをサポートしながら行なわれるサー

ビスです。利用者が自身で行なうことについては、しっかりと確認、説明をして訪問介護計画書や手順書にも書き添えましょう。また、私たちが訪問する利用者の自宅には、これまでの利用者の生活の歴史があり、利用者1人1人のこだわりや、思い出などの宝庫です。その家のルール、本人のルール、やり方などの他、訪問介護でできること、できないことについても確認をしましょう。本人や家族の発言だけではなく、本人の部屋、家の中のしつらえ、家族のかかわり方、家それぞれにある匂いなど、五感をフル活用して生活、暮らし方を観察しましょう。

図表 7-1　観察のポイント

　間取り、動線、部屋の明るさ、匂い、壁の汚れ（手をついて歩くと汚れる）、冷蔵庫の中、利用者の座っているところと同じ高さのところに座って、何がどう見えるか、棚の上の小物、写真、テーブルの上に何が載っているか、頻繁に使われていそうなものと、全く使ってなさそうなもの、道幅、駐車スペース、家族の存在、家族のこだわり。

　生活実態やさまざまなことへの価値観、これまでの生活の一端を見ることは、これからを支える私たちにとって大切な観察ポイントです。

ここがポイント　五感をフル活用して利用者の生活を捉えましょう

② 手順書の書き方

段取りとわかりやすさ

　　　　　手順書は、その通りに進めれば、初めて訪問するヘルパーでも
　　　　時間内に訪問介護計画書にある目標に向けた支援ができるレベル
でつくり込みます。手順書を見ただけで、何をして、自立のために何をしても
らうか、必要な物品の場所、支援の段取り、手順、注意点や留意点につ
いてもわかるようにすることが大切です。かかわり方がイメージできるよう、で
きるだけ簡潔に書きます。注意事項や留意点は赤字で書く、太字やアンダー
ラインを引く等のほか、図や表、絵など視覚的な工夫も必要です。

　訪問介護は、その家のルール、本人のやり方、これまでの生活を大事に
しながら支援をします。訪問する場面から、終了する場面までをイメージし
ながら、ポイントを整理して書きましょう。

　こうした努力が統一したサービスに結びつき、利用者本人や家族の満足
度にもつながります。

自立支援と評価の視点

　　　　　手順書には、自立支援や評価の視点についても書いておきます。
　　　　長い説明にならないよう注意しながら、根拠を示した具体的な支
援方法について、絵なども活用しながら記入します。利用者ができる部分は
どこなのか、日によって違いがあるのか、違いがある場合にはどのような対

応方法があるか、現状で起りうることを想定し尽くして書いておくと、1人でサービスを行なう担当ヘルパーの不安は軽減されます。

　また、見守り的な支援については、支援する際のヘルパーの立ち位置や、声かけのタイミング等について具体的に書いておくといいでしょう。サ責への報告・連絡・相談ができるように、具体的に評価の視点をわかりやすく示しておくことも重要です。

図表 7-2　訪問介護手順書の書き方（わかりにくい例）

令和　年　月　日

利用者名	○山△子　様	担当
所要時間	サービス区分と内容	特記事項
9：00	入室　〔どうやって？〕	
9：05	挨拶と本日のサービス内容の確認、観察〔何を観察して、変化があった時はどうすればいいの？〕	
（20分）	掃除機をかける（居間と廊下）	ゴミは捨てておく
	役割分担をもってやるものについて確認する	〔どこのゴミをどこに捨てる？〕
（10分）	掃除機は居間に出して中央に置き、かけてもらう	
	掃除機は階段の下の納戸の中のものを使う	
	トイレ掃除か風呂を掃除する。〔誰がどんな方法で？〕〔誰が決めるの？いつ決めるの？〕	

- 時系列で書いていく
- 自立支援の視点（利用者のできることと、できなかった時の対応、どう評価するか、評価の残し方）
- 訪問介護で対応可能なレベルでの家庭でのルール、本人のこだわりへの注意
- 注意点は太字や赤字でわかりやすく書く
- 観察の視点、評価の視点、医療的依存度が高い利用者に予想される大小の変化、緊急の場合の対応

図表 7-3　訪問介護手順書の書き方（わかりやすい例）

令和　年　月　日

利用者名	○山△子　様	担当
所要時間	サービス区分と内容	特記事項
9：00	玄関の右奥の勝手口の呼び鈴を鳴らしてから入室	返事があるまで入らない
	【個別対応、こだわりも書かれている】	
	挨拶と本日のサービス内容の確認、観察	
	・顔色、歩幅、足の運び、受け答えなど観察	呂律が回らない時はすぐにサ責へ連絡
	【具体的に観察する部分と変化への対応】	
9：05	○山さんに本日の内容を確認する	【緊急の場合の対応】
	掃除 or 洗濯	★○山さんが洗濯機を回していたら、洗濯。そうでない時は掃除機を用意する。
	トイレ or 風呂の掃除	
掃除機	洗濯の場合	
OR	○山さん：ヘルパーが来る前に洗濯機を回しておく	下着は○山さんに干してもらい、
洗濯	居間の壁の紐にピンチハンガーをかけて、座ったまま	全体の 1/2 は干してもらう
（30分）	洗濯ものが干せるようにする。	○山さんが自身で干した大体の
	一緒にやること：洗濯物干し	量等を記録する。
	（ピンチハンガーに洗濯物を一緒に留め、ヘルパーが	【自立支援の視点 記録する内容が書いてある】
	かもいにかける）	
	【どこまでが利用者でどこからがヘルパーか】	
	掃除の場合	
	ヘルパーが居間に掃除機を持ってきて用意する	
	・掃除機のホースは長くせず、コンセントをさして	
	居間の中央に置いて声をかける。	
	・コードで転倒しないよう、声をかけ、障害物などもどける。 【特に注意する点を目立たせる】	ホースは寝かさず、椅子にたてかけておく。
	・掃除機のゴミは、玄関の外にいってビニール袋の中に捨てる 【その家のルールも記入】	足が前に出ないような時は無理をせずにテーブル等の拭き掃除をしてもらう
9：35	トイレ or 風呂の掃除	掃除機をかけた範囲と、足の運び
（15分）	トイレ　便器の裏側にある掃除用具を使用	については報告書に記録する
	バケツは浴室のものを使用 【自立支援の視点、記録する内容が書いてある】	
	便座は○山さん、床はヘルパーが掃除する	棚の上から、予備のペーパーを
	風呂　風呂場内の浴用洗剤、ブラシを使用	降ろしておく
	浴用ブーツは裏返してフックにかけておく	
9：50	記録と次回の確認	翌日のデイサービスの準備をして
（10分）		おくように伝える。

（図中）TV　掃除機　コンセント　居間

96

コラム

手順書でわかるサ責の実力

　手順書は、細かく書きすぎても大雑把すぎても使いにくいものです。デキるサ責ほど、的確に書くべきものを判断し、見やすい手順書をつくります。

　手順書は、担当ヘルパーが計画に沿った支援をするためにも必要ですし、多くのケースを担当するサ責は、急なヘルパーの休みや緊急時にその手順書を頼りにサービスに入ることもあります。

　以前、3人のサ責でそれぞれに担当の利用者を持ち、仕事をしていた時がありました。ある年の冬にインフルエンザが流行し、サ責の2名とヘルパーの多くが働けない状況になってしまいました。しかし、そんななかでも利用者の毎日の生活は休むことなく続きます。一人残ったサ責の私は、他のサ責のつくった手順書を頼りに初めて訪れる利用者宅で支援をしました。時間との勝負、同じ内容の支援をしなければというプレッシャー……。

　この時ほど、手順書の書き方を事業所内で統一しておいてよかったと思ったことはありませんでした。時系列にやっていけば段取りよく進みます。利用者のこだわりには、黄色のマーカーが引いてあります。注意する点は赤、評価や記録のポイントには緑のマーカーがひかれています。サービス終了時に利用者から「安心した」の言葉をかけてもらいました。別の人が急に来ても大丈夫みたいと思ってもらったことから、ヘルパーの交代も快く受け入れてくれるようになりました。使える手順書は、信頼を得ること、業務の効率、仕事のしやすさにもつながるのです。

ここが　ポイント　手順書のクオリティは、初めて行なったヘルパーでも、業務が務まるレベルが理想です

3 ヘルパー同行訪問（OJT）と見極め

担当ヘルパーとの同行訪問

　　　　サービスが開始される際、サ責は担当するヘルパーに利用者に関する情報と手順書について事前に説明します。そして、訪問に同行して利用者と担当ヘルパーをつなげ、サービス内容を教え、適切な支援ができるかどうかの確認をします。それを同行訪問（On the Job Training = OJT）といいます。同行訪問では、利用者に安心感を持ってもらえるよう、これから頻回に通うこととなる担当ヘルパーの第一印象から大切にした紹介、導入を心がけましょう。そのためには、前もって利用者や家族との接し方等の留意点について知らせておくことも必要です。

　また、同行するヘルパーには、必ずメモまたは手順書に注意する点などを書き込んでもらいます。ヘルパーにもそれぞれの違いがあるので、特に注意すべきポイントについて自覚できるよう促すことも重要です。時間内で必要なサービスができるよう、段取りや手順、時間配分についてサ責と担当ヘルパー、そして適宜、利用者本人にも確認をしながら進めて行きましょう。

同行訪問の終了の見極め

　　　　同行訪問は、何回しなければいけないというような決まりはありません。利用者の心配、担当ヘルパーの不安、サ責自身の心配がない状態までできるといいのですが、なかなかそうもいかない現実もあります。

　利用者の状態や環境、サービス内容によってもまた、担当ヘルパーの持っている力や経験値によっても同行訪問の回数は変わってきます。力のあるヘルパーは手順書を見れば適切なサービスと評価ができます。利用者やその家族の状況に加え、日頃からヘルパーの特徴、力量についてもよく観察する習慣をつけ、見極める力をつけていきましょう。

図表 7-4　同行訪問見極めポイント

●利用者の安全、安心な介護技術が提供できている
●時間内でサービス内容を終え、記録ができる
●利用者のできる部分、支援する部分をわきまえている
●評価するポイントを理解し、報告や記録に反映できている
など

力量のあるヘルパーさんとは……
・基本的な介護技術ができ、その根拠が示せる
・日の変動（日々の変化）を見つけることができる
・評価の視点がある
・伝える力、書く力、説明する力がある
・自己判断のレベルをよく理解している

 ここがポイント　ヘルパーの力量を見極めるのもサ責の大切な仕事です

4 手順書更新

観察の視点と気づきの反映

利用者の一番近くにいる存在であったとしても、気づこう、見ようと思わないと利用者の小さな変化にはなかなか気づけません。気づきを促すための観察のポイントや評価のポイントについて、より具体的に示し、手順書等に反映させましょう。

また、訪問介護計画書は、短期目標が達成されたり、ケアプランが見直されたりした際に更新されます。短期目標として示された期間内でサ責はモニタリングをします。担当ヘルパーからの日々の利用者の状態や変化、短期目標の評価の視点での報告は、ケアプランに反映させることができます。見逃さず、ケアマネ等の多職種に情報として提供することは、利用者に適した、必要なサービス提供につながります。担当するヘルパーにとっても、サービスを提供する上での不安の軽減につながります。

手順書の更新

手順書は、同行訪問をするなかで一度は見直しましょう。何度かサービスの回数を重ねることで、より効率的な段取りや利用者の特性、生活上の留意点などが見えてきます。それらを手順書に付け足したり、必要に応じて差し替えたりして、更新したものを担当ヘルパーに渡しましょう。担当ヘルパーが変更になる際に適切な申し送りをするため、サービス内容を

勝手に変更しないためにも、手順書はサ責が更新し、サ責からヘルパーに渡しましょう。

　また、モニタリング結果から手順書を見直す必要がある場合も、漏れなく担当するヘルパーに伝えるために手順書を更新して活用しましょう。もちろん、訪問介護計画書が更新された時には手順書も見直しましょう。

手順書の見直しと更新

同行訪問のなかでの見直し

モニタリングの結果からの見直し

訪問介護計画の更新時の見直し

手順書の更新

ここがポイント　手順書の更新時は、担当するヘルパーに漏れなく連絡しましょう

コラム

実地指導がやってくる
～今すぐ始める書類の整理と保管と周知徹底～

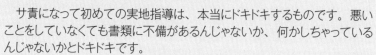

サ責になって初めての実地指導は、本当にドキドキするものです。悪いことをしていなくても書類に不備があるんじゃないか、何かしちゃっているんじゃないかとドキドキです。

実はサ責になって初めての頃、実地指導に向けた内部監査で青ざめたことがあります。それまで、書類の整備や保管より毎日を回していくことに精一杯で、書類の中身はおろか、整理もあまりできておらず、昔からの利用者ファイルにただ重ねるか差し込むだけで、整理らしい整理ができていませんでした。

実地指導で確認がされる書類等について、監査役の方に見せていた時のことです。訪問介護計画書の不備が2件発覚しました。1件は、訪問介護計画書自体がファイリングされていない、もう1件は、利用者のサインが入っていないものが見つかりました。

しかし、2件分共に利用者に説明してサインをいただいた時のことは、ハッキリと覚えています。ただ、その後にどうやってファイリングしたのか等は記憶からさっぱりなくなっていました。

そこからは、それこそ事業所の保管庫や机の中、訪問時のカバンの中、すべてをひっくり返しての書類探しが始まりました。

結局、紛失したと思われた書類は、利用者の家に事業所保管分も置いてきていたことがわかり、サインが入っていなかった書類は、予備として印刷したものを間違ってファイリングし、サイン入りの訪問介護計画書は、同じ利用者のサービス提供記録の書類と共にファイリングされていたのがわかりました。

その後、書類をつくる人、サインをもらう人、ファイリングする人がバラバラだったものを、担当者が作成からファイリングまでをし、さらにチェックリストの作成、個別ファイルの定期的な更新チェックなどをするようになりました。

サ責は、突発的なトラブルは避けて通れません。そんな時に書類探しに時間を取られるほど痛いものはないです。書類で痛い目に合わないよう、書類の中身もしっかりとした上で、誰が見てもわかりやすいようにファイリングや保管をするように心がけましょう。

ヘルパー指導

1 ヘルパーの働き方ー稼働・シフト管理

ヘルパーの働き方を把握する

　　　　サ責がヘルパーに対して行なう業務について、訪問介護の運営基準に明記されています。具体的には次の4つです。

①ヘルパーに具体的な援助目標や援助内容を指示して利用者情報を伝えること
②ヘルパーの業務の実施状況を把握すること
③ヘルパーの能力や希望を踏まえた業務管理を行なうこと
④ヘルパーの研修や技術指導などを行なうこと

　訪問介護の仕事は、利用者の自宅にヘルパーが訪問し、訪問介護計画書に基づき、具体的なサービスを提供します。ヘルパーは利用者の自宅を1軒1軒訪問して回ることになります。つまり、訪問介護のヘルパーは会社のなかではなく、地域を移動しながら会社の外で働くことになります。

　そのため、利用者の自宅でヘルパーが訪問介護計画書に基づく仕事を行なっているか、きちんと決められた仕事を行なっているかという実施状況（稼働）の把握はサ責の重要な役割の1つなのです。

　ヘルパー自身からサービスの実施状況や本人の声、様子などを聞き取ることはもちろん、利用者や家族の声、連携する多職種、他のヘルパー、記録物などからサービスの実施状況を把握するように務めましょう。

　ヘルパーが提供する介護サービスに対して責任を持つ者がサ責ですから、ここは、サ責の仕事の中核といってもよいでしょう。

ヘルパーのシフト管理につながる信頼関係

　　　　　ヘルパーは働いた分の報酬を得る労働者です。そのため、ヘルパーの働きたい時間帯や望む収入に見合う稼働時間数、ヘルパーの能力に応じた利用者とのマッチングはサ責の大切な仕事です。

　こうしたことを理解した上で、気持ちよくヘルパーが働けるように、日頃から円滑なコミュニケーションを心がけ、ヘルパーのニーズに応えられる職場環境づくりを行なっていきましょう。そうしたことが、逆にヘルパーからスケジュール調整で助けてもらえるような信頼関係を築くことにつながるでしょう。

図表8-1　指定居宅サービス等の事業の人員、設備及び運営に関する基準（抜粋）

（管理者及びサービス提供責任者の責務）
第28条 指定訪問介護事業所の管理者は、当該指定訪問介護事業所の従業者及び業務の管理を、一元的に行なわなければならない。
2　指定訪問介護事業所の管理者は、当該指定訪問介護事業所の従業者にこの章の規定を遵守させるため必要な指揮命令を行なうものとする。
3　サービス提供責任者は、第24条に規定する業務のほか、次の各号に掲げる業務を行なうものとする。
　一　指定訪問介護の利用の申込みに係る調整をすること。
　二　利用者の状態の変化やサービスに関する意向を定期的に把握すること。
　二の二　居宅介護支援事業者等に対し、指定訪問介護の提供に当たり把握した利用者の服薬状況、口腔機能その他の利用者の心身の状態及び生活の状況に係る必要な情報の提供を行なうこと。
　三　サービス担当者会議への出席等により、居宅介護支援事業者等と連携を図ること。
　四　訪問介護員等（サービス提供責任者を除く。以下この条において同じ。）に対し、具体的な援助目標及び援助内容を指示するとともに、利用者の状況についての情報を伝達すること。
　五　訪問介護員等の業務の実施状況を把握すること。
　六　訪問介護員等の能力や希望を踏まえた業務管理を実施すること。
　七　訪問介護員等に対する研修、技術指導等を実施すること。
　八　その他サービス内容の管理について必要な業務を実施すること。

ここがポイント　サ責がヘルパーに行なうべき業務は、「援助の指示と情報共有」「実施状況の把握」「業務管理」「技術指導」の4つです

ヘルパーの体調―心身の健康状態管理

ヘルパーの心身の健康状態を把握する重要性

訪問介護における労働環境を考えてみましょう。訪問介護は1つの仕事に1人以上のヘルパーが必ず存在しなければ成り立たない仕事です。そのため、責任感とプレッシャーが多分にかかる仕事です。そして、通常は1対1が基本の仕事であり、ヘルパー自身の仕事ぶりがすべてサービスの結果として現れます。施設サービスでは相性や力量などに応じて、介護職員が交代することも可能ですが、現場に入ったヘルパーにはその選択肢はありません。さらに、地域に点在する各利用者の自宅へ、一年を通じて悪天候の日でも移動するという負担も施設サービスにはないものです。もう1つ加えるならば、訪問介護の主力であるヘルパーの高年齢化が挙げられます。ヘルパー自身の健康や身内の介護など、生活者としての困り事を抱えており、これをどうしていくかが今後の課題です。

このような負荷を抱えているヘルパーの働く環境や課題を解決することは、サ責にとって最重点項目といってよいでしょう。まずは、こうした現状で働いているということを理解して、ヘルパーに向き合いましょう。

ニーズに具体的に応じる姿勢

ヘルパーの心身の健康状態を管理する上で最も重要なことは、ヘルパー自身と向き合って話をする機会をつくることです。単独で

行動することが多いヘルパーは、公私の悩みなどを打ち明ける機会が少ないため、こちらからヘルパーが色々な相談をできる機会をつくることが重要です。これは、サ責個人の努力以上に、ヘルパー面談を業務の一環にするなど組織としての体制づくりが求められるでしょう。

　また、そうした相談の際に、負荷を軽減するようなシフトの調整や技術指導、時にはサービス内容の見直しを検討するなど、具体的な対策を示すことによってヘルパーのニーズにきちんと応じる姿勢を感じてもらうことが大切です。

ヘルパーと向き合うこと

ここが
ポイント　ヘルパーと向き合う時間の確保が大切。組織的な取り組みも必要です

3 ヘルパーとの情報共有

サ責がヘルパーからもらう情報

　ヘルパーとサ責が共有する利用者の情報の向きには大きく2つの矢印があります。1つはヘルパーからサ責に向く矢印で、もう1つはサ責からヘルパーに向く矢印です。

　まず1つ目です。ヘルパーが普段現場で得る情報は、自宅に暮らす利用者の心身の状態や自宅での生活動作、家族などとの関係性、自宅の間取りやしつらえ、思い出の品、生活歴や習慣など非常に多岐にわたります。そしてこれらは極めて個別性が高いものです。

　ヘルパーは、自然にこうした情報を見聞きして感じ取っているものです。サ責は、こうした貴重な情報をヘルパーから教えてもらう必要があります。ヘルパーのほうから情報を届けてくれることもありますが、すべての情報を受け取ることは不可能ですし、必要な情報に優先度があることも事実です。ですから、サ責はヘルパーが持つたくさんの情報のうち、何が欲しいのかを明確にして主体的に情報を取りに行く姿勢が求められます。ヘルパーが事業所に立ち寄るちょっとした時間や、電話などの機会を逃さないようにしましょう。

サ責からヘルパーに届ける情報

　2つ目に、ヘルパーに対してサ責から情報を届ける矢印です。これは104ページで示した「ヘルパーに具体的な援助目標や援

助内容を指示して利用者情報を伝えること」にあたります。サ責が利用者と交わした訪問介護計画書はいわば利用者との約束事です。約束したサービスをきちんと提供するためには、担当するヘルパーにその目標や内容を伝えなくてはなりません。単に実施するケアの内容だけを業務的に伝えるのではなく、利用者の想いや目標の背景を合わせて伝えて、ヘルパーもそこを押さえた上で訪問してもらわなければなりません。

　最近ではメールや ICT で情報共有することもできます。しかし、現場に同行することが可能であれば直に、計画書に基づいて利用者の想いを代弁して伝えるとヘルパーのモチベーションも上がるでしょう。メールに加え、会って話す、つまり繰り返し、サ責から利用者本人の想いをヘルパーに伝えることが大切なのです。

図表 8-2　サ責とヘルパーの情報共有

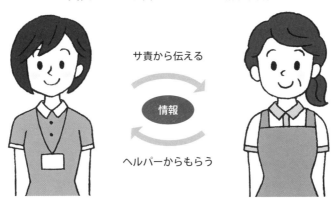

サ責から伝える

情報

ヘルパーからもらう

> **ここがポイント**　ヘルパーからもらう情報とサ責から伝えるべき情報の 2 方向を意識しましょう

4 ヘルパーの育成指導

ヘルパーの育成指導

　　　ヘルパーは在宅で暮らす利用者が自立した日常生活を送ることを支援する介護の専門職です。サ責の役割の1つにそのヘルパーを一人前の専門職に育成することがあります。一人前になり、さらには訪問介護に誇りとやりがいを持ったプロフェッショナルなヘルパーになれるかどうかは、サ責の育成指導能力にかかっているといってもよいでしょう。

　初任者であれば、まずは1人で利用者宅に訪問ができるようになることを目指します。同行訪問を行ない、必要な知識、技術、注意点を伝えていくことになります。また、サ責による座学や演習等の研修、資格の取得、外部研修を勧めることも有効です。

　また、ヘルパーの育成指導に関連したサ責の大切な役割に、次のサ責候補を育てることがあります。サ責の仕事の魅力とやりがいについて実務を通じて伝え、次の訪問介護を担う要として本人に動機づけを行なっていきましょう。時にはヘルパー研修の講師を担ってもらうなど、活躍と学びの機会を用意することも効果的です。

ヘルパーの育成指導

　　　育成にあたっては、まずそのヘルパーがどのようなキャリアを積みたいのか、訪問介護という仕事に従事する目的や目標を面談で

図表 8-3　サ責の取り組みとヘルパーの介護能力

●所属事業所のサ責の取り組みが充実していると、ヘルパーの介護能力が高い

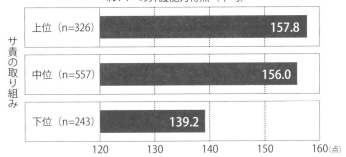

ヘルパーの介護能力得点（平均）

出典：堀田聡子「ホームヘルパーの能力開発と事業者・サービス提供責任者の役割」佐藤博樹・大木栄一・堀田聡子
（2006）『ヘルパーの能力と雇用管理』勁草書房, 113 頁をもとに筆者作成

ヘルパーの能力向上にもサ責の取り組みが必要

きちんと把握しておく必要があります。そしてヘルパー1人1人に応じた指導計画を作成し、それに沿って育成していくことが大事です。また、事業所の理念や人材育成方針、研修計画を示し、訪問介護の仕事に誇りを持って働き続けられるよう指導していきましょう。

　こうした取り組みを通じて本人が着実にキャリアアップしていることを実感できているか、定期的な面談で振り返りましょう。もしそれを感じられていないのであれば、何につまづいているのか、一緒に考え、具体的な対策を講じることが重要です。

　また、自分のヘルパー育成のやり方が間違った方向へ向かっていないか、より経験のあるサ責や管理者に相談したり、育成方法を学ぶために外部研修へ出たり、書籍で学ぶなど、育成者としてサ責自身が研鑽してくことも大切なポイントです。

　図表 8-3 の研究によると、サ責の取り組みが充実しているとヘルパーの介護能力が高く、また事業所の定着指向が高くなるそうです。サ責の取り組

みがこうしたことに影響してくることをきちんと認識しておきましょう。

個別性に応じた育成指導とは

　　「ヘルパーの育成指導は対利用者に行なうことと同じ」という言葉をよく耳にします。個々のヘルパーの人柄や生活歴、仕事に求めるニーズ、知識や技術などを総合的に捉えるアセスメントを行ない、本人が望む働き方へと近づけるように具体的な育成指導計画を立て、実行に移します。そしてその結果をきちんと把握してヘルパーの成長へとつなげるモニタリングをしていきます。このように、介護と育成指導のプロセスは類似しているのです。

　とりわけ、個々のヘルパーを総合的に捉えるアセスメントにあたる段階はとても大切です。

　知識や技術はある程度測ることができますが、ヘルパーのこれまでの人生や、今の生活状況、求めるニーズを把握しているでしょうか。もちろん、プライベートには立ち入らない、ということは大事だと思います。しかし、無理なくヘルパーの秘めたる想いや人となりを知る機会をつくってみることを考えてみましょう。

　とあるヘルパー研修で、輪になって座るヘルパーたちに「あなたが一番気になる利用者は誰ですか?」という質問を投げかけてみました。すると「独居で寝たきりの A さん」「アルコール依存症で独居の男性 B さん」「娘さんが一人で介護している C さん」等次々に出てきました。

　一人ずつその理由を語ってもらうと、A さんを挙げたヘルパーは自身の親が A さんと同じように地方で一人暮らしをしていました。B さんを挙げたヘルパーはやはり B さんと同様、自身の両親が離婚して、父親が 1 人暮らしをし

ており、Cさんを挙げたヘルパーはCさんと同様に自分も独身で母親と二人きりの生活でした。それぞれ、自分の経験や生活と重なるという話をされたのです。打ち明けてくれたことや日頃の労への感謝を伝えました。

今度はそのAさんたちへの介護で具体的な困り事について質問すると、知識や技術、働き方への不安や意欲を話してくれました。

その希望に応じた研修予定（図表8-4）を組んだ後は、自分が気になる利用者への介護に対して必要な学びだと納得したのか、研修の参加率が高くなりました。

ヘルパーの指導育成も、本人のニーズに基づくことが大切です。そして、そのためにヘルパーを知ろうとすることが何より大切なのです。

図表8-4　個別性に応じた研修予定例

	課題	ヘルパーの想い	具体的研修
Aさん	独居 子ども遠距離	本当に幸せなのか？ 子どもたちとの関係は？	ニーズを知るためのコミュニケーション研修
Bさん	アルコール依存 一人暮らし男性	お酒を減らせないのか？	精神疾患・依存症の理解
		一人暮らし男性への支援	会社で取り組むハラスメント等の相談 不安事の話し合いの場
Cさん	親1人子1人 娘さんがCさんの介護に細かすぎる	家族ニーズと本人ニーズがズレている？	家族支援 共依存心理の理解
		娘さんはCさんの老いや死を受け入れられない	死の受容プロセス等やACPについて

ここがポイント　目指すべきはヘルパーに誇りとやりがいを持ってもらえるような育成指導です。そして、次のサ責を育てることも大切です

5 ヘルパー研修の実際

ヘルパー研修の実際

104ページで挙げたサ責がヘルパーに対して行なうべき業務④に「ヘルパーの研修や技術指導などを行なうこと」がありました。訪問介護におけるサービスの質はヘルパーの力量にかかっています。ですから、サ責はヘルパーの力量の向上を図り、利用者の自立した日常生活に資する支援を行なえる人材として育成しなければなりません。

そのためにヘルパー研修を定期的に行なうことが求められています。主に事業所や近くの研修会場を借りて開催することが一般的です。ヘルパーが関心を持つのは現場のヘルパーの困り事・悩み事につながる身体介護技術や認知症の方とのコミュニケーション、家族対応などです。そうしたヘルパーのニーズに応える研修は満足度や出席率も高いでしょう。

一方で、コンプライアンス、感染症対策、虐待の防止、法改正など、訪問介護事業所としてヘルパーに必要な研修テーマも組み込んで開催することが大事です。

研修を有意義に行なうためにも、日頃から円滑なコミュニケーションを図り、忙しいヘルパーが現場と生活の合間を縫って参加したいと思えるような、研修テーマや研修の環境づくりをすることが大事です。

自前で毎回行なうことは大変なことでもあります。そんな時は地域の他事業所や自治体、介護福祉士会などの職能団体で行なっている研修や介護

系の雑誌などにもヒントがあるかもしれません。そうした情報収集のアンテナ
を立てておくことも大切です。

ヘルパー研修を開催するために

　　　　ヘルパー研修は、サ責自身が身につけている知識や技術を伝え
　　　　る座学や演習、特定の利用者についてのカンファレンス（ケース
会議）、外部講師を招く、自治体主催の研修や地域の他事業所と共同開催
などさまざまです。

　大切なことは、訪問の現場や社会のなかで、今ヘルパーや訪問介護に
求められていることについて、サ責はアンテナを張って情報収集を行なう癖を
つけておくことです。自身がそうした学びの場に参加したり、ネットワークをつ
くることによって、必要な情報に出会い、それを自社のヘルパーに還元でき
ることになります。サ責自身も専門職として生涯学習していくことが求められ
ていることを忘れないでください。

図表8-5　ヘルパー研修のテーマ一覧

●コンプライアンス（法令順守）　　●感染症について　　●虐待の防止
●介護保険法について　　●関連する法制度について　　●尊厳の保持について
●食事介助　　●排泄介助　　●入浴介助
●移動・移乗の介助　　●車いすの扱い方　　●接遇・マナー
●緊急時の対応　　●クレーム対応　　●ヒヤリハットについて　　●事例検討
●終末期対応　　●精神障害の理解　　●家族理解と支援　　●消費者被害対策
●ハラスメントから身を守る　　●特別食の調理　●コミュニケーション
●認知症の理解　　●ＩＣＴの導入　　●記録の書き方　　●意見交換会
●腰痛予防　　●見守りと声掛けの自立支援　　●アセスメント
●報告・連絡・相談　●介護過程　　●トラブル回避・リスクマネジメント
●薬の理解　　●モチベーションアップ　　●時事ネタ研修

ここがポイント 参加したくなる研修テーマ選びや環境づくりを心がけましょう。
サ責自身も生涯学習が大切です

印象に残るヘルパー研修

　これまで知識や技術を伝える目的で、さまざまな研修を実施してきました。そのなかでも一番印象に残っているのが、「自己覚知」の研修です。自己覚知というのは、自分の経験や生活歴、育ってきた環境などを振り返り、自分を知るというものです。

　その頃、ヘルパーたちから「あの利用者さんこうなのよね」「あの利用者さんどうしてああなのかしら」といった発言が増えてきており、それがサ責のなかで課題となっていました。こうした発言の背景には、利用者をきちんと理解できていないことが1つの原因としてありました。そこで、相手を理解するよりも前に自分を知ろう、ということで「自己覚知」の研修を開催したのです。

　やり方としては、ヘルパーそれぞれに、苦手な利用者や気になって仕方がない利用者を挙げてもらい、「それはなぜか」と質問をして深めていくというワークを行ないました。すると、ヘルパー自身が「私は独身で母親と二人暮し。今後の自分たち親子みたいに見えるAさんと娘さんが気になる」「私の父はアルコール依存症で母と離婚。そんな父にBさんが重なるのかな」など、ヘルパー自身の人生を振り返り、自分を発見し、それを通じて、利用者に向き合う自分を知ることができました。こうした自分を知る作業が、利用者理解を深める上でとても有効だったのです。

　この自己覚知をヘルパーだけでなくサ責もやってみました。そうしてお互いのことを深く知り合う機会からヘルパーたちとの距離が近くなり、お互いに親近感を抱くことにもつながりました。お互いを知ることが大事だと思いつつも、普段それをやるのはなかなか難しいことです。この研修を通して、それができていないことにまず気がつき、そしてお互いを知ることから信頼関係が生まれるという経験できました。

　自己覚知の研修は、さまざまなヘルパー研修のなかでも、一風変わった研修かもしれませんが、ぜひ取り組んでみてください。

実績報告・
モニタリング

1 実績報告

実際に行なったサービスの報告

サ責は、ケアマネから交付された、サービス提供票（図表 9-1）に沿って訪問介護を行ない、その結果について、サービスに変更がなかったかなどを確認しながら実績として記入します。

基本的に変更はないはずですが、

●利用者の身体状況に変化が生じ、支援内容に変更が生じた。

●緊急対応が生じ、訪問時間が変更になった。

●利用者の通院により、サービス提供日が振替になった。

このような場合（提供票の計画通りにサービスが行なえなかった場合）は、必ずケアマネに対する報告が必要です。変更になった理由を、提供票に記入する区市町村もあります。

実績報告は毎月行なう

サ責は、月末にサービス提供票に実績記録を記載します。そして、月初めには居宅介護支援事業所に提出します。前述したサービス変更などは、実績でわかるように記載するか、あるいは、別に実施状況報告書に変更の詳細を記入し実績と一緒に提出する場合もあります（報告の仕方は、各事業所のフォーマットに従ってください）。いずれにしても本来の提供票とは異なったことがわかるようにきちんと報告しましょう。

サービス利用票・サービス提供票とは

居宅介護支援事業所のケアマネが作成する、利用者の１か月分のサービス利用予定表のことを「サービス提供票」といいます。

サービス提供票は、サービスを提供する前は、予定表としての役割を果たし、サービスの提供後は「実績記録」の役割を果たすことになります。

サービス利用票別表・サービス提供票別表とは

サービス提供票に従って介護給付費を算定します。その算定において使用するシートをサービス提供票別表といいます。請求額の確定の経過を示すものであり、基本報酬の他に加算の算定があります。

別表を確認することで、事業所の加算状況が把握できます。自分の事業所の加算が間違いなく記載されているか確認しましょう（図表 9-2）。

記載に関する注意ポイント

生年月日や、性別、氏名などが介護保険被保険者証の記載と異なっていることがあります。保険者証通りに書かれているか確認し、間違いに気づいたら速やかにケアマネに連絡をしましょう。

間違えた情報のまま、国保連に請求した場合、基本情報が不一致となり返戻扱いになります（返戻とは、国保連に請求した金額が入金予定日に入金されないことです）。その場合、サービス提供票の内容を修正して再請求することになり、事業所への入金が1か月遅れることになります。

 ここがポイント 実績報告は毎月行ないます。**本来の提供票と異なる場合は、異なった**ことがわかるようにきちんと報告をしましょう

図表9-1　サービス利用票・サービス提供票

| 認定済・申請中 | | 令和　　年　　月分　サービス利用票・サービス提供票 |

保険者 番号			保険者名		宅介護事業者 事業社名担当者名		作成年月日	
被保険者 番号			フリガナ		保険者確認印		届出年月日	
生年月日		性　別	被保険者氏名				平成　　年　　月から	前月までの短期 入所利用日数
			介護状態区分		区分支給限度 基準額	単位／月	限度額適用 期間	平成　　年　　月まで	日
			更後要介護状 態変更区分	年　月　日				

提供時間帯	サービス内容	サービス事業者 事業所名	日付	1	2	3	4	5	6	7	8	9	10	11	12	13	14	15	16	17	18	19	20	21	22	23	24	25	26	27	28	29	30	31	合計 回数
			曜日																																
			予定																																
			実績																																
～			予定																																
			実績																																
～			予定																																
			実績																																
～			予定																																
			実績																																
～			予定																																
			実績																																
～			予定																																
			実績																																
～			予定																																
			実績																																
～			予定																																
			実績																																
～			予定																																
			実績																																

図表9-2　サービス利用票別表・サービス提供票別表

訪問通所区分支給限度管理・利用者負担計算　　サービス利用票別表・サービス提供票別表　　被保険者番号
利用者名

事業所名	事業者番号	サービス内容／種類	サービス コード	単位数	回数	サービス 点数／金額	種類支給限度基 準を超える単位数	種類支給限度 基準内単位数	区分支給限度 準を超える単位数	区分支給限度基 準内単位数	単位数 単価	費用総額 (保険対象分)	給付率 (％)	保険給付額	利用者負担 (保険対象分)	利用者負担 (全額負担分)
													90％			
													90％			
													90％			
													90％			
													90％			
													90％			
													90％			
													90％			
													90％			
				区分支給限度 基準額 (点)		合計											

種類別支給限度管理

サービス種類	種類支給限度基準 額 (点)	合計点数	種類支給限度基準 を超える点数	サービス種類	種類支給限度基準 額 (点)	合計点数	種類支給限度基準 を超える点数
予防訪問介護				予防通所介護			
予防訪問入浴介護				予防通所リハビリ			
予防訪問看護				予防福祉用具貸与			
予防訪問リハビリ				合計			

要介護認定期間中の短期入所利用日数

前月までの利用日数	当月の計画利用日数	累積利用日数

図表 9-3　実績の記載の方法

以下、図表 9-1 の丸囲み部分を拡大

介護サービスの計画、実績報告について（ケアマネ　⇒　サ責へ交付）

提供時間帯	サービス内容	サービス事業者 事業所名	日付	1	2	3	4	5	6	7	8
			曜日	月	火	水	木	金	土	日	月
10：00～ ～11：00	身体介護2	中央訪問介護 事業所	予定	1		1		1			1
			実績								

交付された提供表に実績を入れる（例: 5 日金曜日までの実績を入れてみる）

提供時間帯	サービス内容	サービス事業者 事業所名	日付	1	2	3	4	5	6	7	8
			曜日	月	火	水	木	金	土	日	月
10：00～ ～11：00	身体介護2	中央訪問介護 事業所	予定	1		1		1			1
			実績	1		×		1			
10：00～ ～11：00	身体介護2	中央訪問介護 事業所	予定				1				
			実績				1				

利用者が実際に利用した日を入力します。上の表で、3 日（水）が×になっており、何らかの理由によりサービスがキャンセルになったことを意味します。また、3 日のサービスを 4 日に振替、時間変更でサービスを提供した場合は下段のように記載します。

実績は、介護給付費の請求の基になります。誤りがないようにサービス提供月の翌月初めには 1 か月分の実績を記入します。毎月 10 日までに国保連に請求明細書を送付します。

サービス提供表の左端にある合計回数を記入する。

日付	1	2	3	4	5	6	7	8		26	27	28	29	30	31	合計回数
曜日	月	火	水	木	金	土	日	月		金	土	日	月	火	水	
予定	1		1		1			1		1			1		1	~~13~~
実績	1		×		1					1			×		1	11
予定				1												
実績				1												1

今月は、13 回のサービスの予定でしたが、1 回キャンセル、1 回は振替支援があったので、12 回の実績になります。

② モニタリング

モニタリングとは

　　モニタリングとは、ケアプランや訪問介護計画書に沿って提供されているサービスが、利用者のニーズに合っているのかを定期的にチェック（評価）することをいいます。

　アセスメントとは異なり、以前と比較してどのように変化したのかを分析、評価し、利用者の現状を把握することになります。モニタリングを実施するタイミングとしては、短期目標設定期間の終了時、更新時、支援内容が変更になった場合、利用者が入院した場合等が挙げられます。

モニタリングの重要性

　　モニタリングでは、モニタリングの対象期間、モニタリングの実施日（時間・参加者）を定め、訪問介護計画書の目標の達成度、提供されているサービスへの満足度、計画の見直しの必要性、身体状況の変化などについて評価します。

　モニタリングを行なう際に、「以前と比べて何がどのように変化したか?」「大きな病状の変化はないか?」「ニーズに変更はないか?」など変化が捉えられるような質問を行ないます。また、短期目標の区切りとなる（短期目標期間が終了する）月は利用者の生の声やデータ、観察結果など、事実に基づいてケアの評価を行なうとよいでしょう。

長期目標と短期目標

　ケアマネが作成するケアプランには、長期目標と短期目標があります。訪問介護計画書はケアマネが作成したケアプランから訪問介護の部分だけを抜粋して、どのような支援を行なっていくのかを具体的に示したものです。

　ケアプランにも目標は記載されていますが、訪問介護ならではの視点で利用者のニーズを把握し、具体的な目標を立てることが望ましいといえます。

　長期目標は、利用者が望むことが達成できる状態（目標期間は、概ね1年間）のことを指します。例：しっかり歩けるようになって、孫と一緒に出かけたい、など。

　短期目標は、長期目標を達成するまでの過程において、短期間で効果が見込める内容にします（目標期間は数週間から6か月）。例：ベッドからトイレまで手すりを使って歩いて行ける、など。

> ケアマネに提出するモニタリング報告書のなかに専門職としての改善案などを記載しましょう。特記事項への記載となります。
> ●薬の飲み残しが増えた　⇒　お薬カレンダーの利用の提案など
> ●夜間、トイレに間に合わず失敗してしまうと利用者からの声があった
> 　⇒　夜間のみポータブルトイレの使用など
>
> 目標達成の評価を行ない、検討内容や見直し、今後の方針などを記入します。

モニタリング報告書への記載

　モニタリング報告書（図表9-5、9-6）への記載は、サービス実施状況報告書（図表9-4）の内容を参考にできます。実施状況報告書から解説します。図表9-4の①には、1か月訪問した結果、心身の状況に変化があったかどうかを記入します。例えば、風邪気味で通院した、

食欲が低下している、などです。②には、キャンセルや支援内容の変更について記入します。「○月○日、通院のためキャンセル。振替支援を○月○日○時から行ないました」など詳細を記載します。③では、口腔機能や服薬状況について具体的に書きましょう。④には、利用者の声をそのまま書いたり（夜眠れない、など）、ケアマネへの相談事項を記入したり、苦情などについて書いておきましょう。

　モニタリング報告書は、目標期間を通した達成評価になります。前述したサービス実施状況報告書も参考にしながら、報告書を作成します。

　評価をした上で、改善案があれば、特記事項などで、ケアマネに提案するとともに、訪問介護計画書作成にあたって、新しい目標につなげましょう。

ここがポイント　モニタリングを通して、適切な評価をした上で、状況に応じて改善案を提案しましょう

図表 9-4　サービス実施状況報告書

月次報告書について、要介護 1 〜 5 の方。（例）

訪問介護サービス実施状況報告書

事業所名：　　　　　　　　　　事業所番号：

利用者氏名		様	性別：男・女	生年月日：　　年　月　日	住所：
被保険者番号	：		要介護度　：　要介護 1 ・ 要介護 2 ・ 要介護 3 ・ 要介護 4 ・要介護 5		
訪問介護計画書作成（変更）年月日：令和　年　月　日			プラン期間　：　令和　年　月　日〜令和　年　月　日まで		

担当ケアマネジャー氏名：

下記のとおり、訪問介護計画の利用状況及びサービス提供実施状況について報告いたします。

報告月	サービスの実施状況	身体状態・状況（変化・気になるところなど）	備　考
令和　年　月　日	1 実施することができた 2 ほぼ実施することができた 3 実施することができなかった。	①	②
服薬状況・口腔機能など		③	
その他の報告など		④	

中央介護株式会社　電話 0 0 - 0 0 0 0 - 0 0 0 0
計画書作成者・サービス提供責任者：

月次報告書について、要支援 1・2 の方。（例）

介護予防訪問介護サービス実施状況報告書

事業所名：　　　　　　　　　　事業所番号：

利用者氏名		様	性別：男・女	生年月日：　　年　月　日	住所：
被保険者番号	：		要支援度　：　事業対象者　・　要支援 1　・　要支援 2		
介護予防訪問介護計画書作成（変更）年月日			令和　　年　　月　　日		
プラン期間			令和　　年　　月　　日 〜 令和　　年　　月　　日まで		

○○○○○地域包括支援センター　担当ケアマネジャー氏名：

下記のとおり、介護予防訪問介護計画の利用状況及びサービス提供実施状況について報告いたします。

報告月	サービスの実施状況	身体状態・状況（変化・気になるところなど）	備　考
令和　年　月　日	1 実施することができた 2 ほぼ実施することができた 3 実施することができなかった。	①	②
服薬状況・口腔機能など		③	
その他の報告など		④	

中央介護株式会社　電話 0 0 - 0 0 0 0 - 0 0 0 0
計画書作成者・サービス提供責任者：

図表9-5　訪問介護モニタリング報告書

記入日　年　月　日（　）　　　　利用者氏名
計画書作成日　　　年　　月　　日　　担当サービス提供責任者

項　目	評　価	内　容
①訪問介護計画の短期・長期の目標の達成状況	1　良い 2　やや良い 3　やや悪い 4　悪い	
②現在、利用者が困っている事はあるか	1　ある 2　ない	
③訪問介護は居宅サービス計画に沿って提供されている	1　されている 2　されていない	
④訪問訪問介護計画に従って、指定訪問介護が提供されているか	1　されている 2　されていない	
⑤心身状況の変化及び家族の状況の変化	1　ある 2　ない	
⑥病気などについて新たに注目することはないか	1　ある 2　ない	
⑦訪問介護の満足度	1　満足 2　ほぼ満足 3　やや不満 4　不満	
⑧事業所への要望	1　ある 2　ない	
⑨ ADL の確認	1　確認している 2　確認していない	
⑩ IADL の確認	1　確認している 2　確認していない	
⑪サービスへの苦情	1　ある 2　ない	
⑫解決が必要と思われる事項の確認	1　ある 2　ない	
⑬その他・特記事項		

評価内容を＿＿＿＿＿＿＿＿＿様に説明いたしました
説明日　　年　　月　　日　説明者＿＿＿＿＿＿＿＿＿＿＿＿＿＿＿＿

東京都北区資料より

図表 9-6　モニタリング結果報告書兼評価表（介護予防訪問介護）

事業所名：中央訪問介護事業所　　事業所番号：

利用者氏名		様	性別	生年月日	住所	
				令和　　年　　月　　日	被保険者番号	
計画作成者氏名	サービス提供責任者	作成年月日 （変更年月日）	要支援度		プラン期間	令和　年　月　日から 令和　年　月　日まで
		令和　年　月　日				

（　　　）地域包括支援センター　サービス提供区分　予防訪問サービス　担当者氏名

1　介護予防訪問介護計画の概要

【介護予防訪問介護計画の目標】　　　　　【具体的な援助内容】

長期目標　　　　　　　　　　短期目標

【日常生活全般の状況】

心身に関すること　　　　　　　　生活に関すること

【利用者本人及び家族の希望】

利用者　　　　　　　　　　家族

2　モニタリング結果

評価実施日	①サービス実施状況	②利用者及び家族の満足度	③利用者の生活の状況及び心身の状況の変化等	④サービス提供の変更の必要性
年月日	1 計画の通り実施することができた 2 ほぼ計画の通り実施することができた 3 計画の通り実施することができなかった ※ 1 以外の場合はその理由等	1 満足 2 不満足 ※ 1 以外の場合はその理由等	1 変化なし 2 変化あり ※ 1、2 ともその状況等	1 必要なし 2 必要あり ※ 1 以外の場合はその理由等
理由				

3　その他・特記事項

上記のサービスの実施状況及び目標の達成状況並びに評価内容について説明いたしました。

　　　　　年　　月　　日　　説明者　　　　　氏名

3 モニタリングのもたらす効果

目標達成の確認、ニーズの変化に対応する

モニタリングの結果を受けて、事業所内でサービス内容の確認をするだけではなく、ケアマネにも提供し、ケアプランの見直しに役立つものにしていく必要があります。

サ責のモニタリングは、在宅生活に特化した情報収集ともいえます。改めて、話を聞く機会をつくることで、利用者からの要望を把握し、時には苦情の発生などを未然に防ぐこともできます。収集した情報をケアマネと共有することで信頼関係の構築にもつながります。

利用者やその家族、日々現場で実践しているヘルパーの協力も仰ぎながらモニタリングを進めていきましょう。

事業所やヘルパーにとっての効果

モニタリングを実施し、これまで提供したケアを振り返ることでより良いケアにつなげていくことができます。また、繰り返しになりますが、苦情やトラブルの早期発見ができ、速やかに対応ができたり、的確な情報提供をケアマネに行なうことができます。そうすることでケアマネとの信頼関係の構築にもつながります。

見直すべき事項があれば、ケアマネに提案していきましょう。

利用者・家族にとっての効果

　　　モニタリングが機能することで、利用者や家族は、心身の変化や新しいニーズを取り込んだケアが受けられます。

　また、定期的に自分の生活を振り返ることができ、課題・目標の見直しを図ることもできますし、心身の状態、身体機能の改善などで生活に喜びを実感することができるでしょう

モニタリングの効果

> **ここがポイント**　利用者、ヘルパー（事業所）、多職種の三方良しのモニタリングになるよう心がけよう

④ モニタリングとPDCAサイクル

ケアの質の向上のために

「PDCA」とは、「Plan ＝計画」「Do ＝実行」「Check ＝評価」「Action ＝改善」の４つの英単語の頭文字で、「PDCA サイクル」とも呼ばれます。業務を円滑に進めるために手段の1つです（ケアの質を上げるPDCAサイクル）。

図表 9-7　PDCA サイクル

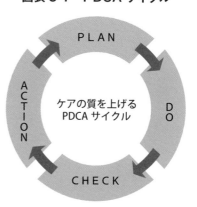

P＝（PLAN：計画）
D＝（DO：実行）
C＝（CHECK：評価）
A＝（ACTION：改善）

日本では、主に、生産や製造・品質管理などの現場で実践されてきました。では、このPDCAサイクルを介護の現場にあてはめてみます。

P：ケアプランから訪問介護計画書を作成する
D：訪問介護サービスの提供
C：行なってきたサービス提供が利用者にとって適切なものになっているのか、訪問介護計画書通りに行なわれているか？　利用者の変化をモニタリングする
A：最適なサービスを提供するために、再アセスメントを行なう

　PDCAサイクルを利用してモニタリング（check）を的確に行ない、改善（action）につなげていきます。モニタリングで見直しの根拠を明確にし、サービスの改善がなぜ必要なのかを日頃のサービス提供記録（実施記録）へ記載します。ヘルパーからの情報も活かしながら行ないましょう。

モニタリングの準備と方法、実際のアポイント

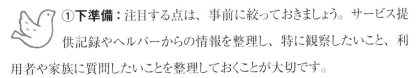

　①下準備：注目する点は、事前に絞っておきましょう。サービス提供記録やヘルパーからの情報を整理し、特に観察したいこと、利用者や家族に質問したいことを整理しておくことが大切です。

②訪問前に訪問の約束を取りつける：モニタリングの意図を説明しておき、利用者が不安を抱かないようにします。またサービスの提供時間を避けて訪問します。利用者の体調や都合を確認し訪問の約束をしましょう。モニタリングの時間は内容にもよりますが、30分〜1時間程度を目安にします。

　また、ケア内容を確認、観察したい時などは、事前に利用者とヘルパーに承諾を取ることが大切です。

③訪問日が決まったら：利用者や家族にモニタリングの意図を説明します。

　例えば、「サービスについて、ご遠慮なくお話してください」

「○○についてお伺いしたいと思います」

「困っている事などがありましたら、伺いたいと思います」などです。

④聞き方：モニタリングの項目を読み上げることは避けましょう。

　サービスに満足されていますか？　目標は達成しましたか？　などとモニタリングの項目を淡々と読み上げるのではなく、

「サービスについて、このようにしてほしい……と思ったことはありませんか?」

「サービスを利用されて、自身で行なえる家事は増えましたか?」

「今までできていたことを続けていますか?」

「大変になってきたことはありますか?」

「ヘルパーの行動や言葉などで気になることはありませんでしたか?」

「苦情はありませんか?」など、利用者や家族が話しやすい聞き方について工夫するように心がけましょう。

聞き方の注意点

ヘルパーからの情報で、「利用者が便秘がちになっていることを気にしています」「あまり、家族に知らされたくないようでした」

このような場合は、家族が同席していない時に話を本人に聞くことも検討します。

---

⑤**書き方**：事実は自分の見解を入れずに書きます。また、事実と書き手の見解を混同しないように注意しましょう。事実は、検温や血圧測定などの数値データにより客観的に観察された結果や利用者・家族からの発言などです。

　見解は、事実について考えられることや今後どのようにしていくべきなのか？といった物事に対する書き手の考え方や評価となります。

書き方の注意点

ちょっとした変化でも書き残します。「特に変化ありません」(特変なし) ではなく、訪問時のありのままの様子を書くようにします。

病状の変化・心身の状態・生活状況・排泄・食事・睡眠などの報告は必須です。また、悪化だけではなく、利用者にとってプラスに転じた状況も具体的にしっかり記載しましょう。

 PDCA サイクルをきちんと行なっていくことでケアの質を向上させていきましょう

緊急時対応

（対応マニュアル ○△訪問介護事業所 / 緊急時対応）

1 緊急時の対応の仕方

気づきから「報・連・相」速やかな対応指示

利用者は、身体機能の低下から、緊急事態や事故が発生することが想定されます。サ責とヘルパーは細心の注意をし、事故を予防すること、起こりうる状態の変化をいち早く予測し、緊急時の対応を迅速に行なわなければなりません。そのために、小さな変化も見逃さない注意力・観察力・直観力・推理力・判断力・コミュニケーション力を備えていることが重要です。また、申し送りや実施記録で情報の伝達を行なうことや緊急時の連絡方法を職員全員が理解していることも大切です。

よくありがちなことは、ヘルパーが、勝手に判断をしてしまうことです。ヘルパーは判断に困るような状況に遭遇したら、サ責に状況を正確に報告することが求められます。

例えば、「昨日転んで頭を打った」「風邪気味でだるい」と利用者から、話があったにもかかわらず、ヘルパーが事業所に報告せず、そのまま入浴介助を行なうというようなことがあってはいけません。

いつもと違えば必ず報告することを徹底させましょう。

ヘルパーの報告（説明）を受ける際の配慮

現場のヘルパーも焦りなどから、状況報告を正確に行なえない場合があります。その場合は、サ責がヘルパーを落ちつかせ情

報を吸い上げます。例えば、いつから具合が悪いのか？　検温はしたか？　血圧計がある場合、血圧を測定したか？　顔色・声の調子・表情はどうか？　睡眠はとれているのか？　食事はとれているのか？　今日の薬は飲めているか？　排便や排尿はいつも通りか？　よだれなど出ていないか？　発語はしっかりしているのか？　ヘルパーの質問にきちんと返事があるのか？　などを聞いていきます。

　また、利用者から、転倒したことなどを聞いた場合は、いつ、どこで、どのように転倒したのか？　外傷の状態、出血、腫れの有無などの情報を吸い上げます。頭部を打っている場合には、吐き気、頭痛、めまいなどの症状も確認します。

基本的な指示のポイント

　利用者の事故や急病はいつ発生してもおかしくないことを念頭に置いて、緊急事態の報告をヘルパーから受けた際には、落ち着いて指示ができるように備えましょう。図表 10-1 に緊急時の指示のポイントをまとめていますので、参考にしてください。

　こうした内容は、事業所内研修などで定期的に取り上げ、基本的な緊急時対応を理解する機会を設け、事例検討などを通して理解を深めることが大切です。

図表 10-1　緊急時の指示のポイント

緊急対応の事例	緊急時の対応・指示のポイント
座って食事中に顔面が青ざめて苦しそうにしている	むせているか、息苦しさはあるか、むせやすい人・詰まりやすい人は食事摂取に注意が必要です。また、異物誤飲、気管に物が入ったことを疑います。顔色が戻らなければ、のどに何かが詰まっているかを確認し救急車を呼びます。同時に異物を除去することが大切です

緊急対応の事例	緊急時の対応・指示のポイント
息苦しいと訴えて、肩で息をしている	状況を良く見てサ責もしくは医療機関に伝えられるようにします ポイントは、突然苦しくなったのか、胸の痛み、冷や汗、熱感などです。楽な体位をとってもらいます 心疾患、呼吸器疾患、誤嚥性肺炎などいろいろな例が考えられます
尻もちをついて痛がっている	どこが痛いのかを確認します。ぶつけた部分の腫れがないか、外傷はないかなど。骨折の疑いがある場合は安易に動かすことは危険です
突然ろれつが回らなくなった	頭痛や吐き気の確認。意識はしっかりしているか、手足は動くかなどの観察を行ないます。脳血管障害などが考えられます
便が黒かった	どんな薬を飲んでいるのか確認が必要です。腹部の痛み、気を失ったりしなかったかなどの確認をします。便の形状（色や形など）を観察します。潰瘍をつくりやすい薬や、便が黒くなる鉄剤（貧血改善）を飲んでいることが考えられます
声をかけたが返事がない	意識があるかどうかの確認をします。軽く肩をたたいて名前を呼びかけます（眠っていることもあります）。意識がなければ、救急車を呼びます。気道確保ができれば行ないます
「なんかふらふらする…」といって足元がおぼつかない	胸の痛みや手足の動きに差がないか、下痢をしていないかなどを確認します。貧血・血圧異常・血糖異常・脳血管障害などの例が考えられます。一過性のものも含まれます
「気持ちが悪い」と言いながら胸のあたりをさすっている	吐き気はないか、強い腹痛はないか、頻繁に下痢をしていないか。腸炎や食中毒、感染症などの例が考えられます。頭痛があれば、脳血管障害などの例も考えられます。胸の痛みがあれば心疾患も考えられます。症状を良く見て医療機関に伝えられるようにします
ぐったりしていて微熱があり、元気がない	いつものように尿は出ていたか、頭痛、皮膚のかさつきがないか、この場合は脱水が考えられます。こもり熱とも考えられます。水分補給を行ない、しばらく観察を行ないます
お腹が痛いと言っている	どんな痛みでどこが痛いのか、胸や背中に痛みはないか。胆のう系の例が考えられます。便は出ていなければ、便秘を考えます。嘔吐があったか食事の内容の確認をし、医療機関に伝えられるようにします。消化器疾患の病気などいろいろな例が考えられます

※呼吸停止・心肺停止・意識なしの場合は速やかに救急車を呼びましょう。
※図表はあくまでも参考です。

緊急時の役割分担

 　　　緊急時対応とともに、事業所内で共有しておくべきことが、緊急時の役割分担です。緊急時のヘルパーやサ責の役割、その他、関連職種の動きなど事業所全体で把握しておきましょう。

　図表 10-2 のような流れが一般的ですが、サ責がヘルパーから連絡を受けた際は、契約時に確認しておいた優先順位に従って緊急連絡を行ないま

図表 10-2　緊急時の役割

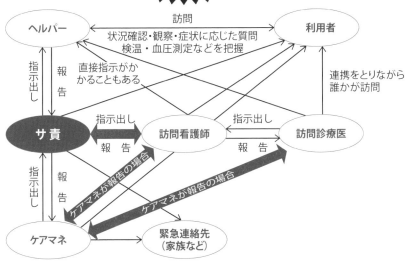

※ケアマネもしくはサ責が連絡

※医療機関がサービスに入っていない場合は、家族またはケアマネの判断、サ責が救急車の手配を行ないます。ヘルパーが直接救急車の手配をすることもあります。

す。医療機関がかかわっているかいないかでも、対応が異なってきますので、利用者ごとに柔軟に対応する必要があります。また、事業所内での対応手順についても緊急時対応マニュアルなどで確認しておきましょう。

ここがポイント　事業所によって緊急時の対応手順は異なると思いますが、利用者の状態から緊急時の判断ができ、その観察を通して得た「気づき」を迅速に報告しましょう

② 緊急時への備え

緊急時の対応の徹底

　　1人で訪問サービスを行なうヘルパーに、緊急時の対応を確認しておくことが大変重要です。

①かかりつけ医や訪問診療医、訪問看護ステーションの連絡先を目のつくところに貼りましょう（電話のそばに貼る場合が多い）。

②家族の緊急連絡先を確認し、優先順位をつけておきましょう。利用者との関係も明記しておきます（長男など）。

　必要に応じて指定された場所に掲示することもありますが、実施記録と一緒に置かれているケースが多いと思います。

　また、家族が緊急連絡先ではないケースもあります。後見人や区市町村の担当ケースワーカーが緊急連絡先になっていることもあります。

③救急車を呼ぶ場合に備えて、お薬手帳を準備しましょう。救急隊に速やかに住所・生年月日・性別・既往症などの情報提供ができます。

　サ責は、ヘルパーからの報告に対し速やかな指示を出すことが大切です。ヘルパーを落ち着かせ、利用者の状態を正確に把握しましょう。

　訪問診療医や訪問看護ステーションの指示を受ける場合や、救急車の要請をすることもありますので、緊急時の対応については、契約時にきちんと確認をしましょう。

　いずれの場合も、ケアマネや緊急連絡先に連絡、報告を速やかに行ないます。

こんな場合……どうする?

　　　　救急隊員から「ヘルパーさんも救急車に乗ってついてきてください」と言われた場合にどうするかです。

　ヘルパーやサ責が救急車に同乗しなければならない決まりはありません。同乗して病院まで付き添ってもその時間はボランティアとなります。事業所としての取り決めもあるので、ルールに則って救急隊員に説明し、必要な情報を提供して、「搬送先の病院が決まったら○○まで連絡をください」と依頼しましょう。

　緊急連絡先に連絡が取れない場合、ケアマネの事業所に連絡を依頼することもあります。

日頃の研修が大事

 緊急時に備えて、緊急時対応マニュアルを作成し、その対処方法を実践的に研修しておくことも必要です。日頃から備える姿勢を整えるのも、サ責の業務の1つです

3 災害時の確認

災害時対応マニュアルの活用

まずは事業所の災害時対応マニュアルに沿って研修を行ないましょう。基本的に、地震発生時はガスなどの火を消し、安全に避難できるように動線を確保し、テレビやラジオなどから災害情報を確認します。

訪問時に災害が起きた場合

訪問時に災害が起こった場合など、サ責としては、まずヘルパーや利用者の安否確認を行なう必要があります。こうした災害の際には、電話が集中し、つながりにくくなります。したがって、災害用伝言ダイヤルの活用など、日頃から検討し、使い方などをヘルパーに周知します。

また、災害発生時の避難場所の確認もしておきましょう。区市町村で出されているツールなどについて利用者と確認しておきます。

このように避難が必要な場合、何を持って行くかについても、事前に確認しておく必要があります。個々に必要となるものがありますので、利用者や家族に準備できるものについては事前に準備しておいてもらいましょう。また、防災グッズとして持ち出しやすいものに入れて用意しておくようにアドバイスしましょう。

また、担当者会議で利用者本人・家族・ケアマネや多職種で話し合い、災害時の対処方法を決めておくとよいでしょう。

避難時のポイント

 　「避難勧告等に関するガイドライン」（内閣府（防災担当））が 2019（平成 31）年 3 月に改定され、5 段階の警戒レベルを明記して防災情報が提供されることとなりました。図表 10-3 に大雨警戒レベルの基準を示しています。基本的に、警戒レベル 3 が出た時点で、ヘルパーや職員が、独居の高齢者や歩行に困難のある利用者を連れて避難することも検討しましょう。そうした場合に、どう対応するかについて、あらかじめ決めておくことも重要です。なお、一緒に避難する際、可能であれば、利用者の「保険証」「お薬手帳」「薬」さらには「入れ歯（食べる）」「眼鏡（見る）」「補聴器（聞く）」まで持って行けるとよいでしょう。

　緊急時の対応と同じように、災害時の対応がわかるように、事業所独自の方法で利用者の自宅に準備しておくことも大切です。

図表 10-3　5段階の大雨警戒レベル

警戒レベル	住民がとるべき行動	避難情報など	警戒レベルに相当する気象情報など
5	命を守る最善の行動を	災害発生情報	大雨特別警報 氾濫発生情報
4	全員避難	避難勧告、避難指示（緊急）	土砂災害警戒情報 氾濫危険情報など
3	高齢者などは避難	避難準備・高齢者等避難開始	大雨警報・洪水警報 氾濫警報など
2	避難行動の確認	注意報	氾濫注意情報など
1	災害への心構えを高める	早期注意情報（警報級の可能性）	

高 危険度 ↑

※水害・土砂災害に対する非難情報発令を表しています。地震や噴火の場合はまた、別のレベルで警報が発令される。

ここが ポイント　避難に時間のかかる高齢者・障害者の方は警戒レベル 3 で避難しましょう!!

4　災害に備える

台風などの災害

　　　　台風などの災害は、事前に天気予報などで予測ができます。ある程度予測がつく場合、サ責としては、利用者の安全はもちろんですが、ヘルパーの安全も考えて行動する必要があります。

　最近では、台風などの接近に伴って、電車などの計画運休も行なわれるようになりました。自転車や車で移動する職員だけでなく、電車を利用して移動する職員もいます。

　電車が運休して出勤できないことから、デイサービスが休みになったり、配食サービスが届かなくなったりすることが想定される場合、サ責は、管理者に相談し指示を得てから、利用者に必要なサービスをケアマネに提案し、台風の接近に伴った対応について考えます。

・買い物のサービスの予定がある

・オムツ交換などでサービスに入っている。

・通院の予約が入っている。

・デイサービスに行かないと、食事の準備がない。

・配食サービスを利用しているので、配食が来ないと食べるものがない。

など、その利用者の個別事情を勘案します。

　その上で予定訪問日を前日などに振り替えてサービスが提供できないか? 食事の確保を事前に準備できないか?　を確認し、ケアマネや関連機関と速

やかに連絡を取り、予定の変更や必要な支援の提案をしましょう。また、ヘルパーにも状況を説明し、移動手段なども相談しながら協力を依頼します。

　台風当日は、ヘルパーの安否確認を行なうことも重要な役割です。家族と一緒に過ごせる利用者については、家族への説明、協力を仰ぐことも重要です。

地震などの災害

　　地震については、天気予報などの情報がありません。日頃からの準備がとても大切です。

　サービスの最中に地震が起きた場合は、火を消し、玄関などの戸を開けて、物が落ちてこない・倒れてこない場所で地震がおさまるまで待ちましょう。その後、テレビやラジオで地震情報を確認します。揺れている最中に外へ出ることで危険が増すことも考えられます。

　また、室内に破損したガラスなどはないか？　など、安全な動線の確保も必要です。利用者の気分の確認なども重要です。必要に応じて一時(いっとき)集合場所や一次避難所へ利用者を誘導するようなこともあります。

　地震の場合、連絡が取れなくなり、現場の状況などを確認できなくなることも想定されます。そのためにも、災害時伝言ダイヤルの利用などで、ヘルパーの安否確認ができる対策を立てて、それを周知することも重要

　台風、大雨などの予測できる災害は事前に対応策を検討しましょう。
　地震や家事など、予測できない災害時は、柔軟な対応が求められます。さまざまな想定をして対応策を考えておきましょう。

です。また、利用者の安否確認のため、利用者宅を訪問することもありえますが、まずは、自分自身の安全の確保を優先します。

停電時の留意点など

医療依存度が高く、在宅酸素を使用してる利用者や褥瘡予防にエアーマットを使っている利用者などについては、停電時に予備電源となるバッテリーなどがあるかどうかを事前に確認しておく必要があります。

あるいは、避難時に車いすでの移動しかできない利用者が、停電でエレベーターが停止した場合にどうするかなど、災害が起きた時には、準備がないとわからないことだらけです。事前に利用者本人や家族、ケアマネと利用者に合わせた災害時対応方法を確認して、共有しておくことが重要です。

関係各機関との連携

災害時、医療依存度の高い利用者の場合は、医療関係者（訪問看護師・医療機器レンタル会社の担当など）が責任を持って安否確認をすることが多く、訪問介護のみを利用している場合は、訪問介護事業所のサ責が基本的には確認を行ないます。この場合、ケアマネとの役割分担などもありますので、事前に確認をしておきます。

 あくまでも、各事業所の災害時のマニュアルをしっかり確認し、熟読しておくことも重要です

法制度の知識

1 介護保険制度における「ホームヘルプサービス」の位置づけ

自宅での訪問による利用頻度が高いサービス

　　　　介護保険制度の目的は、介護保険法第1条に明記されている「自立支援」です。したがって、介護保険制度におけるすべてのサービスは、利用者の状況を適切に把握し、利用者の望む生活に向けて、自立を支援するものでなければなりません。

　介護保険制度におけるホームヘルプサービスとして実施されているのは「訪問介護」「夜間対応型訪問介護」「定期巡回・随時対応型訪問介護看護」「小規模多機能型居宅介護」「複合型サービス」「介護予防小規模多機能型居宅介護」が挙げられます。

　ここでは、「訪問介護」についてみていきます。

介護保険法における訪問介護

　　　　「訪問介護」は介護保険法第8条第2項において『「訪問介護」とは、要介護者であって、居宅(老人福祉法における軽費老人ホーム、有料老人ホームその他の厚生労働省令で定める施設における居室を含む)において介護を受けるもの(以下「居宅要介護者」という。)について、その者の居宅において介護福祉士その他政令で定める者により行なわれる入浴、排せつ、食事等の介護その他の日常生活上の世話であって、厚生労働省令で定めるもの(定期巡回・随時対応型訪問介護看護又は夜

間対応型訪問介護に該当するものを除く) をいう』と定められています。

　また、日常生活上の世話については、介護保険法施行規則第5条に「入浴、排せつ、食事等の介護、調理、洗濯、掃除等の家事（居宅要介護者（同項に規定する居宅要介護者をいう。以下同じ。）が単身の世帯に属するため又はその同居している家族等の障害、疾病等のため、これらの者が自ら行なうことが困難な家事であって、居宅要介護者の日常生活上必要なものとする。生活等に関する相談及び助言その他の居宅要介護者に必要な日常生活上の世話とする」と明記されています。

　このように訪問介護とは、加齢に伴う疾病や障害などのため、要介護状態となった場合においても、その利用者が可能な限りその居宅において、その有する能力に応じ、自立した生活を営むことができるよう、入浴、排泄、食事の介護その他生活全般にわたる支援を行なうものであり、介護保険の目的である自立支援を実現するための重要な居宅サービスとして位置づけられています。

図表 11-1　介護保険でできること

生活援助	身体介護	
● 洗濯	● 食事の介助	● 通院の介助
● ベッドメイク・ゴミ出し	● 着替え	● 起床・就寝の介助
● 薬の受け取り	● 身だしなみの介助	● 自立支援のためにともに
● 日用品の買い物	● 排泄の介助	行なう家事
● 利用者本人の使用する部	● 入浴	● 外出同行
屋の掃除	● 身体の清拭の介助	● 見守り的援助
● 調理・配膳・片づけ	● 服薬の介助	

ここがポイント 訪問介護は、介護保険の目的である自立支援を実現するための重要な居宅サービスです

② 訪問介護に関する法令

法令に基づいているサービス

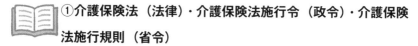
私的サービスである家政婦業務等と異なり、訪問介護は「社会サービス」です。そのため、社会保障としての質を保つために、すべてが法令によって定められています。当然、サ責の任務も法令によって定められています。しかし、実際のサービス提供場面においては、時として、法令の解釈や判断にローカルルールを生むことがあります。そうした解釈や判断を適正化するために、厚生労働省（国）から解釈通知や事務連絡・介護サービス関係Q&A、県から条例や規則などが出ています。常に最新の情報を取得するように心がけることが大切です。

基本となる法令等

①介護保険法（法律）・介護保険法施行令（政令）・介護保険法施行規則（省令）

社会全体で高齢者を支える介護保険制度について定めた法律（1997年制定）で、2000年にスタートしました。「社会保険方式」「利用者本位」「自立支援」であることが大きな特徴です。

介護事業者は介護報酬から多くの収入を得ているため、介護保険法の理解は必須となります。また同法では、要介護者の人格を尊重しなければならないと記載されていますが、これは具体的にどのような意味なのか、ど

のような場面で人格を尊重しなければならない事例が起きているのかということを学ぶことにより、やってしまいがちな誤った行動を避け、正しく職務を遂行することができるようになるのです。

　また、管理者の目が届きにくい訪問介護の場面でも、同居家族へのサービスの禁止や訪問介護計画書にないサービスの提供禁止など、法律を知っていることで職員が「これはやってもいい、これはやってはいけない」という判断ができ、家族にも「法律で決められているから」という理由で説明をすることができるようになります。

②医師法（第 17 条における医行為の範囲）（法律）

　医師でない者の医行為を禁じることを定めた内容ですが、2005 年の解釈通知で、介護の現場において医行為から除外される範囲が明示されました。詳しくは第 12 章で解説しています。

③「訪問介護におけるサービス行為ごとの区分等について」（通知）

〔平成12年3月17日　老計第10号　厚生省老人保健福祉局老人福祉計画課長通知〕

　この「訪問介護におけるサービス行為ごとの区分等について」は、介護保険制度のもと、訪問介護として「できること」を明示したもので、通称「老計第 10 号」と呼ばれています。これは訪問介護事業所のサ責およびヘルパーが、サービスを提供する上で指針となる内容です。ケアプランに訪問介護を位置づける際に、サービス内容を定める上での指針となるものです。介護保険制度下の訪問介護として「できること」を示した、介護保険の関連通知です。詳しくは次節で解説しています。

④「指定訪問介護事業所の事業運営の取扱等について」（通知）

〔平成12年11月16日　老振第76号　厚生省老人保健福祉局振興課長通知〕

　通称「老振第76号」といわれるこの通知には、利用者宅への訪問時に、一般的には介護保険の生活援助の範囲に含まれないと考えられるような事例に対する対応などについて書かれています。

1.「直接本人の援助」に該当しない行為

　主として家族の利便に供する行為又は家族が行なうことが適当であると判断される行為

例・利用者以外のものに係る洗濯、調理、買い物、布団干し

　・主として利用者が使用する居室等以外の掃除　　　　　　　など

2.「日常生活の援助」に該当しない行為

〔1〕訪問介護員が行なわなくても日常生活を営むのに支障が生じないと判断される行為

例・草むしりや花木の水やり、犬の散歩等ペットの世話　など

〔2〕日常的に行なわれる家事の範囲を超える行為

例・家具・電気器具等の移動、修繕、模様替え、大掃除、窓のガラス磨き、床のワックスがけ、正月、節句等のために特別な手間をかけて行なう調理　など

⑤「指定居宅サービス等及び指定介護予防サービス等に関する基準について」

〔平成11年9月17日　老企第25号　厚生省老人保健福祉局企画課長通知〕

　各居宅サービスの人員基準に関する解釈等が書かれています。現在はこれまで国（厚生労働省令）で全国一律に定められていた介護サービス事業の人員・設備等に関する基準については、条例で定めることとされています。

⑥「指定居宅サービスに要する費用の額の算定に関する基準（訪問通

所サービス、居宅療養管理指導及び福祉用具貸与に係る部分）及び指定居宅介護支援に要する費用の額の算定に関する基準の制定に伴う実施上の留意事項について」（通知）

〔平成12年3月1日　老企第36号　厚生省老人保健福祉局企画課長通知〕

　訪問介護をはじめ、各種加算の算定要件の解説等が書かれています。

図表 11-2　法令・条例等の関係図

適正な
訪問介護の
提供

介護報酬の算定に
関する基準
【厚労省告示等】
（指定居宅サービスに要する費用の額
の算定に関する基準、関係通知等）

人員、設備及び
運営に関する基準【条例等】
（指定居宅サービスの事業に係る申請書の要件並びに人
員、設備及び運営に関する基準等を定める条例・条例施
行規則・審査基準　等）

法律、政令、省令【法令】
（介護保険法・介護保険法施行令・保護保険法施行規則）

サ責に求められるコンプライアンス（法令遵守）とは

　　昨今、介護保険の指定事業所への実地指導が定期的に行なわれるようになりました。そのために、介護保険制度の内容を知っておくことは大変重要なことです。報酬算定の誤りや法令の理解不足が、時には監査において多額の返戻に結び付いてしまうことがあるからです。

実地指導は、介護サービス事業者の育成・支援に主眼を置きつつ、制度管理および保険給付の適正化とよりよいケアの実現につなげることを目的として行ないます。よく監査と同じ意味で考える人が多く見受けられますが、監査は利用者からの苦情や相談等を受けたり、介護給付費適正化システムの分析から特異傾向を示す事業者を抽出して行なわれ、運営基準違反等に対する改善の勧告・命令を行ないます。この勧告・命令に従わなかった場合は、指定を取り消す等の処分に至ることもあります。また、実地指導の際に著しく不適切な点が見受けられた場合、監査に変更となる場合があります。

　訪問介護事業であれば、管理業務に携わる管理者やサ責を中心に、法令に関する理解度を高め、提供しているサービスについて運営面からも報酬請求面からも適正であることへの確信が持てるようにしておくことが、何より大切になります。

　しかし、介護現場では、トラブルや苦情、利用者等からの急な要請、予定していなかったヘルパー交代・代行などその日その場の対処に追われ、法令についての理解を深める機会が不足していることも事実です。そんな状況から、適切な業務への正しい判断基準が身についていないままに、日常業務はもちろんのこと、実地指導にも臨んでいるサ責が少なくないように思えます。

　特に介護保険法については、職員がその必要性をしっかり理解していないことがコンプライアンス（法令遵守）違反につながります。例えば、介護計画を確認せずに作業を行なうことや、入浴などの記録をつけることを後回しにしてはいけないと説明しても、なぜいけないのかという理解がなければ、後回しになっても最終的に記録がついていればよいという意識のもとで作業

が行なわれてしまいます。このような誤った記録が介護報酬の請求ミスにつながり、不正請求として処罰される原因になることを知れば、事故を起こさないためにも記録を後回しにせず、その場ですぐに対応するようになるでしょう。

　また、法令を学ぶことで、不正請求の責任の重さを理解し、不正請求につながりそうな原因となるヒヤリハットを避けようという意識のもとで仕事を行なうことができます。

　ただし、多忙を極める普段の業務のなかでは介護保険法などの法令を理解する時間を設けることが難しい事業所もあり、職員全員になぜ介護保険法があるのか、なぜ介護保険法を守らなくてはいけないのかという知識を共有してもらうことはなかなかできません。このような場合では、第8章第5節にも示した通り、研修という位置づけで時間を取りコンプライアンスを学ぶことで、職員同士で知識を共有することができ、仕事中にもお互いに注意しあうことができるようになります。結果としてコンプライアンスを遵守しながら訪問介護事業所のサービスの質の向上にもつながるため、利用者にも高い満足度を感じてもらうことができます。

 ここがポイント　法令等については、常に最新の情報を取得しておくようにしましょう

3 老計第 10 号とは

介護保険制度下の訪問介護として「できること」が示してある通知

「訪問介護におけるサービス行為ごとの区分等について」（老計第 10 号）の通知本文には、訪問介護での「身体介護」と「生活援助」の具体的な行為ごとに動作を分解した、標準的なケアの流れ・手順が記載されています。しかし、これは、「あくまで例示であり、実際に利用者にサービスを提供する際には、当然利用者個々人の身体状況や生活実態等に即した取扱いが求められる」こととされています。この老計第 10 号を熟読し、利用者の「自立生活支援・重度化防止」に向けたケアを実践していきましょう。これにより担当するヘルパーに自立支援の視点によるサービス提供を確実に行なってもらうよう、訪問介護計画書や手順書に明記し、同行訪問などで、指示・指導につなげていくことが可能となります。

訪問介護の「自立生活支援・重度化防止のための見守り的援助」の明確化

訪問介護の身体介護には、排泄や入浴の介助、体位変換などと並んで「自立生活支援のための見守り的援助」があります。単に「やってあげる」のではなく、利用者の意欲を向上させ、自立を後押しする観点から安全に配慮しつつ、寄り添って「共に行なう」支援を指しま

す。お風呂から自分で出られるよう、必要な時だけ手を差し伸べたり、移動の際に転ばないよう隣について歩いたりするサービスがそれに該当します。

　2018（平成30）年の老計第10号の改正で「自立生活支援のための見守り的援助」には、重度化防止やIADL、QOLの向上が新たに加えられ、「自立生活支援・重度化防止のための見守り的援助（自立支援、ADL・IADL・QOL向上の観点から安全を確保しつつ常時介助できる状態で行なう見守り等）」として、「ゴミの分別が分からない利用者と一緒に分別をしてゴミ出しのルールを理解してもらう又は思い出してもらうよう援助」など8つの具体例が追加され、計15の具体例が提示がされています。

　このような行為が「身体介護」として認められるには、安全を確保しつつ常時介助できる状態で行なうもの等であって、利用者とヘルパー等が共に日常生活に関する動作を行なうことが、ADL・IADL・QOL向上の観点から、利用者の自立支援・重度化防止に資するものとしてケアプランに位置づけられる必要があります。要はケアマネの作成するケアプランに委ねられるということなので、サ責としては、ケアマネに、身体介護の「見守り的援助」の行為が、いかに利用者の自立支援・重度化防止につながるかということを説明できるかどうかが重要になってきます。

> **ここが
> ポイント**　サ責として、いかに利用者の自立支援・重度化防止につながるかということをケアマネに説明できるかが重要になってきます

4 身体介護

身体介護とは

身体介護とは、①利用者の身体に直接接触して行なう介助サービス（そのために必要となる準備、後かたづけ等の一連の行為を含む）、②利用者のADL・IADL・QOLや意欲の向上のために利用者と共に行なう自立支援・重度化防止のためのサービス、③その他専門的知識・技術（介護を要する状態となった要因である心身の障害や疾病等に伴って必要となる特段の専門的配慮）を持って行なう利用者の日常生活上・社会生活上のためのサービスとされています。具体的には、食事中の手伝いや見守りを行なう「食事介助」、お風呂に入る際の手助けや洗髪、身体の清拭の世話をする「入浴介助」、車いすや車への乗り降りなどの手伝いを行なう「移乗介助」、おむつ交換などの「排泄介助」、床ずれ（褥瘡）予防や防止のために体位を変える「体位変換」などが挙げられます。その他にも、「衣類着脱介助」「通院・外出介助」「服薬介助」など、利用者の身体や精神状態に対応したケアを行ないます。

自立生活支援・重度化防止のための見守り的援助は、身体介護

前節でも取り上げたように、身体介護の区分に「自立生活支援・重度化防止のための見守り的援助（自立支援、ADL・IAD

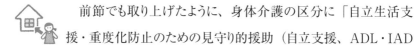

L・QOL向上の観点から安全を確保しつつ常時介助できる状態で行なう見守り等）」という項目が入っています。これは「利用者が主体的に『何かをしようとする』こと」が前提となります。例えば、「認知症等の高齢者に対して、ヘルパーが声かけと誘導で食事・水分摂取を支援する」「利用者と一緒に手助けや声かけ及び見守りしながら行なう掃除、整理整頓（安全確認の声かけ、疲労の確認を含む）」「車イス等での移動介助を行なって店に行き、本人が自ら品物を選べるよう援助」などです。よかれと思って、こちらがお膳立てしたり、認知症で何もわからないのだから決めてあげようとせず、声をかけながら、ゆっくりでも利用者の「自己選択・自己決定」を支えるためのケアを行ない、尊厳を守る介護実践を展開していくことが大切です。

■訪問介護におけるサービス行為ごとの区分等について

（平成12年3月17日老計第10号厚生省老人保健福祉局老人福祉計画課長通知）

 これが老計第10号です

1 身体介護

身体介護とは、①利用者の身体に直接接触して行なう介助サービス（そのために必要となる準備、後かたづけ等の一連の行為を含む）、②利用者のＡＤＬ・ＩＡＤＬ・ＱＯＬや意欲の向上のために利用者と共に行なう自立支援・重度化防止のためのサービ ← ！ ここが大事!! ス、③その他専門的知識・技術（介護を要する状態となった要因である心身の障害や疾病等に伴って必要となる特段の専門的配慮）をもって行なう利用者の日常生活上・社会生活上のためのサービスをいう。（仮に、介護等を要する状態が解消されたならば不要※となる行為であるということができる。）

※例えば入浴や整容などの行為そのものは、たとえ介護を要する状態等が解消されても日常生活上必要な行為であるが、要介護状態が解消された場合、これらを「介助」する行為は不要となる。同様に、「特段の専門的配慮をもって行なう調理」についても、調理そのものは必要な行為であるが、この場合も要介護状態が解消されたならば、流動食等の「特段の専門的配慮」は不要となる。

1―0 サービス準備・記録等

サービス準備は、身体介護サービスを提供する際の事前準備等として行なう行為であり、状況に応じて以下のようなサービスを行なうものである。

1―0―1 健康チェック

利用者の安否確認、顔色・発汗・体温等の健康状態のチェック

1―0―2 環境整備

換気、室温・日あたりの調整、ベッドまわりの簡単な整頓等

1―0―3 相談援助、情報収集・提供

1―0―4 サービス提供後の記録等

1―1 排泄・食事介助

1―1―1 排泄介助

1―1―1―1 トイレ利用

○ トイレまでの安全確認→声かけ・説明→トイレへの移動（見守りを含む）→脱衣→排便・排尿→後始末→着衣→利用者の清潔介助→居室への移動→ヘルパー自身の清潔動作

○（場合により）失禁・失敗への対応（汚れた衣服の処理、陰部・臀部の清潔介助、便器等の簡単な清掃を含む）

1―1―1―2 ポータブルトイレ利用

○ 安全確認→声かけ・説明→環境整備（防水シートを敷く、衝立を立てる、ポータブルトイレを適切な位置に置くなど）→立位をとり脱衣（失禁の確認）→ポータブルトイレへの移乗→排便・排尿→後始末→立位をとり着衣→利用者の清潔介助→元の場所に戻り、安楽な姿勢の確保→ポータブルトイレの後始末→ヘルパー自身の清潔動作

○（場合により）失禁・失敗への対応（汚れた衣服の処理、陰部・臀部の清潔介助）

1－1－1－3　おむつ交換

○ 声かけ・説明→物品準備 (湯・タオル・ティッシュペーパー等) →新しいおむつの準備→脱衣 (おむつを開く→尿パットをとる) →陰部・臀部洗浄 (皮膚の状態などの観察、パッティング、乾燥) →おむつの装着→おむつの具合の確認→着衣→汚れたおむつの後始末→使用物品の後始末→ヘルパー自身の清潔動作

○(場合により) おむつから漏れて汚れたリネン等の交換

○(必要に応じ) 水分補給

1－1－2　食事介助

○ 声かけ・説明 (覚醒確認) →安全確認 (誤飲兆候の観察) →ヘルパー自身の清潔動作→準備 (利用者の手洗い、排泄、エプロン・タオル・おしぼりなどの物品準備) →食事場所の環境整備→食事姿勢の確保 (ベッド上での座位保持を含む) →配膳→メニュー・材料の説明→摂食介助 (おかずをきざむ・つぶす、吸い口で水分を補給するなどを含む) →服薬介助→安楽な姿勢の確保→気分の確認→食べこぼしの処理→後始末 (エプロン・タオルなどの後始末、下膳、残滓の処理、食器洗い) →ヘルパー自身の清潔動作

1－1－3　特段の専門的配慮をもって行なう調理

○ 嚥下困難者のための流動食等の調理

1－2　清拭・入浴、身体整容

1－2－1　清拭 (全身清拭)

○ヘルパー自身の身支度→物品準備 (湯・タオル・着替えなど) →声かけ・説明→顔・首の清拭→上半身脱衣→上半身の皮膚等の観察→上肢の清拭→胸・腹の清拭→背の清拭→上半身着衣→下肢脱衣→下肢の皮膚等の観察→下肢の清拭→陰部・臀部の清拭→下肢着衣→身体状況の点検・確認→水分補給→使用物品の後始末→汚れた衣服の処理→ヘルパー自身の清潔動作

1－2－2　部分浴

1－2－2－1　手浴及び足浴

○ ヘルパー自身の身支度→物品準備 (湯・タオルなど) →声かけ・説明→適切な体位の確保→脱衣→皮膚等の観察→手浴・足浴→体を拭く・乾かす→着衣→安楽な姿勢の確保→水分補給→身体状況の点検・確認→使用物品の後始末→ヘルパー自身の清潔動作

1－2－2－2　洗髪

○ ヘルパー自身の身支度→物品準備 (湯・タオルなど) →声かけ・説明→適切な体位の確保→洗髪→髪を拭く・乾かす→安楽な姿勢の確保→水分補給→身体状況の点検・確認→使用物品の後始末→ヘルパー自身の清潔動作

1－2－3　全身浴

○ 安全確認 (浴室での安全) →声かけ・説明→浴槽の清掃→湯はり→物品準備 (タオル・着替えなど) →ヘルパー自身の身支度→排泄の確認→脱衣室の温度確認→脱衣→皮膚等の観察→浴室への移動→湯温の確認→入湯→洗体・すすぎ→洗髪・すすぎ→入湯→体を拭く→着衣→身体状況の点検・確認→髪の乾燥、整髪→浴室から居室への移動→水分補給→汚れた衣服の処理→浴槽の簡単な後始末→使用物品の後始末→ヘルパー自身の身支度、清潔動作

1－2－4　洗面等

○ 洗面所までの安全確認→声かけ・説明→洗面所への移動→座位確保→物品準備 (歯ブラ

シ、歯磨き粉、ガーゼなど）→洗面用具準備→洗面（タオルで顔を拭く、歯磨き見守り・介助、うがい見守り・介助）→居室への移動（見守りを含む）→使用物品の後始末→ヘルパー自身の清潔動作

1—2—5　身体整容（日常的な行為としての身体整容）

○　声かけ・説明→鏡台等への移動（見守りを含む）→座位確保→物品の準備→整容（手足の爪きり、耳そうじ、髭の手入れ、髪の手入れ、簡単な化粧）→使用物品の後始末→ヘルパー自身の清潔動作

1—2—6　更衣介助

○　声かけ・説明→着替えの準備（寝間着・下着・外出着・靴下等）→上半身脱衣→上半身着衣→下半身脱衣→下半身着衣→靴下を脱がせる→靴下を履かせる→着替えた衣類を洗濯物置き場に運ぶ→スリッパや靴を履かせる

1—3　体位変換、移動・移乗介助、外出介助

1—3—1　体位変換

○　声かけ、説明→体位変換（仰臥位から側臥位、側臥位から仰臥位）→良肢位の確保（腰・肩をひく等）→安楽な姿勢の保持（座布団・パットなどあて物をする等）→確認（安楽なのか、めまいはないのかなど）

1—3—2　移乗・移動介助

1—3—2—1　移乗

○　車いすの準備→声かけ・説明→ブレーキ・タイヤ等の確認→ベッドサイドで端座位の保持→立位→車いすに座らせる→座位の確保（後ろにひく、ずれを防ぐためあて物をするなど）→フットレストを下げて片方ずつ足を乗せる→気分の確認

○　その他の補装具（歩行器、杖）の準備→声かけ・説明→移乗→気分の確認

1—3—2—2　移動

○　安全移動のための通路の確保（廊下・居室内等）→声かけ・説明→移動（車いすを押す、歩行器に手をかける、手を引くなど）→気分の確認

1—3—3　通院・外出介助

○　声かけ・説明→目的地（病院等）に行くための準備→バス等の交通機関への乗降→気分の確認→受診等の手続き

○（場合により）院内の移動等の介助

1—4　起床及び就寝介助

1—4—1　起床・就寝介助

1—4—1—1　起床介助

○　声かけ・説明（覚醒確認）→ベッドサイドでの端座位の確保→ベッドサイドでの起きあがり→ベッドからの移動（両手を引いて介助）→気分の確認

○（場合により）布団をたたみ押入に入れる

1—4—1—2　就寝介助

○　声かけ・説明→準備（シーツのしわをのばし食べかすやほこりをはらう、布団やベッド上のものを片づける等）→ベッドへの移動（両手を引いて介助）→ベッドサイドでの端座位の確保→ベッド上での仰臥位又は側臥位の確保→リネンの快適さの確認（掛け物を気温によって調整する等）→気分の確認

○（場合により）布団を敷く

1 — 5　服薬介助
○ 水の準備→配剤された薬をテーブルの上に出し、確認（飲み忘れないようにする）→本人が薬を飲むのを手伝う→後かたづけ、確認　　!ここが大事!!

1 — 6　自立生活支援・重度化防止のための見守り的援助（自立支援、ＡＤＬ・ＩＡＤＬ・ＱＯＬ向上の観点から安全を確保しつつ常時介助できる状態で行なう見守り等）
○ ベッド上からポータブルトイレ等（いす）へ利用者が移乗する際に、転倒等の防止のため付き添い、必要に応じて介助を行なう。
○ 認知症等の高齢者がリハビリパンツやパット交換を見守り・声かけを行なうことにより、一人で出来るだけ交換し後始末が出来るように支援する。
○ 認知症等の高齢者に対して、ヘルパーが声かけと誘導で食事・水分摂取を支援する。
○ 入浴、更衣等の見守り（必要に応じて行なう介助、転倒予防のための声かけ、気分の確認などを含む）
○ 移動時、転倒しないように側について歩く（介護は必要時だけで、事故がないように常に見守る）
○ ベッドの出入り時など自立を促すための声かけ（声かけや見守り中心で必要な時だけ介助）
○ 本人が自ら適切な服薬ができるよう、服薬時において、直接介助は行なわずに、側で見守り、服薬を促す。
○ 利用者と一緒に手助けや声かけ及び見守りしながら行なう掃除、整理整頓（安全確認の声かけ、疲労の確認を含む）
なお、これらは、あくまでも例示であり実際に利用者にサービスを提供する際には、利用者個人の身体状況や生活実態等に即した取り扱いが求められています
○ ゴミの分別が分からない利用者と一緒に分別をしてゴミ出しのルールを理解してもらう又は思い出してもらうよう援助
○ 認知症の高齢者の方と一緒に冷蔵庫のなかの整理等を行なうことにより、生活歴の喚起を促す。
○ 洗濯物を一緒に干したりたたんだりすることにより自立支援を促すとともに、転倒予防等のための見守り・声かけを行なう。
○ 利用者と一緒に手助けや声かけ及び見守りしながら行なうベッドでのシーツ交換、布団カバーの交換等
○ 利用者と一緒に手助けや声かけ及び見守りしながら行なう衣類の整理・被服の補修
○ 利用者と一緒に手助けや声かけ及び見守りしながら行なう調理、配膳、後片付け（安全確認の声かけ、疲労の確認を含む）
○ 車いす等での移動介助を行なって店に行き、本人が自ら品物を選べるよう援助
○ 上記のほか、安全を確保しつつ常時介助できる状態で行なうもの等であって、利用者と訪問介護員等がともに日常生活に関する動作を行なうことが、ＡＤＬ・ＩＡＤＬ・ＱＯＬ向上の観点から、利用者の自立支援・重度化防止に資するものとしてケアプランに位置付けられたもの

ここがポイント　今後、これまで生活援助として提供していたサービスを身体介護として位置づけやすくするという流れが考えられます。身体介護としての位置づけを行ないやすくし、利用者の自立支援に向けたサービスの強化を図ろうとしています

5　生活援助

生活援助とは

　　生活援助とは、身体介護以外の訪問介護であって、掃除、洗濯、調理などの日常生活の援助（そのために必要な一連の行為を含む）であり、利用者が単身、家族が障害・疾病などのため、本人や家族が家事を行なうことが困難な場合に行なわれるものを指します。なお、次のような行為は生活援助の内容に含まれないものであるので留意してください。

① 商品の販売・農作業等生業の援助的な行為

② 直接、本人の日常生活の援助に属しないと判断される行為

　要は、利用者が一人暮らしであったり、家族や本人が何らかの理由で家事を行なえなかったりする場合に、必要な身の回りの世話をしながら日常生活をサポートするサービスです。具体的には、食事の準備（調理・配膳など）、掃除・洗濯・ゴミ出し、日用品などの買い物代行、服の補修、部屋の片づけ・整理整頓などが挙げられます。しかし、訪問介護は家事代行ではないため、他の家族の部屋の掃除やペットの散歩、来訪者への接客など、利用者以外の人に向けた世話は対象に含まれません。

生活援助は単なる家事代行ではない

　　訪問介護の生活援助サービスは、「本人の代行的なサービスとして位置づけることができる」とも書かれています。本人が自分で

できない日常生活行為を代行する、という書き方ですから、家政婦が担う家事代行サービスとの違いがわかりにくいですね。しかしヘルパーは、実際には、単に掃除などの生活行為を代行しているだけではありません。掃除をしながら生活状況を把握したり、調理の合間に話をして本人の心身の状態把握に努めたり、本来、専門性を持って本人の心身の状態や生活についてアセスメントしながら支援を行なっているはずです。適切にアセスメントすることが、より適切な支援につながっていきます。ここに家政婦にはない、ヘルパーの専門性があります。簡単に、家事代行サービスで代替できるものではないのです。

ここがポイント 自立生活支援・重度化防止のために、どれだけ生活援助サービスが貢献しているかを、目に見えるエビデンス（根拠）を用意して伝えていくことが必要です

■老計第10号　つづき

2　生活援助

生活援助とは、身体介護以外の訪問介護であって、掃除、洗濯、調理などの日常生活の援助（そのために必要な一連の行為を含む）であり、利用者が単身、家族が障害・疾病などのため、本人や家族が家事を行なうことが困難な場合に行なわれるものをいう。（生活援助は、本人の代行的なサービスとして位置づけることができ、仮に、介護等を要する状態が解消されたとしたならば、本人が自身で行なうことが基本となる行為であるということができる。）

※次のような行為は生活援助の内容に含まれないものであるので留意すること。

①商品の販売・農作業等生業の援助的な行為

②直接、本人の日常生活の援助に属しないと判断される行為

2—0　サービス準備等

サービス準備は、生活援助サービスを提供する際の事前準備等として行なう行為であり、状況に応じて以下のようなサービスを行なうものである。

2—0—1　健康チェック

利用者の安否確認、顔色等のチェック

2—0—2　環境整備

換気、室温・日あたりの調整等

2—0—3　相談援助、情報収集・提供

2—0—4　サービスの提供後の記録等

2—1　掃除

○居室内やトイレ、卓上等の清掃

○ゴミ出し

○準備・後片づけ

2—2　洗濯

○洗濯機または手洗いによる洗濯

○洗濯物の乾燥（物干し）

○洗濯物の取り入れと収納

○アイロンがけ

2—3　ベッドメイク

○利用者不在のベッドでのシーツ交換、布団カバーの交換等

2—4　衣類の整理・被服の補修

○衣類の整理（夏・冬物等の入れ替え等）

○被服の補修（ボタン付け、破れの補修等）

2—5　一般的な調理、配下膳

○配膳、後片づけのみ

○一般的な調理

2—6　買い物・薬の受け取り

○日常品等の買い物（内容の確認、品物・釣り銭の確認を含む）

○薬の受け取り

医療的ケア

1 ヘルパーが行なえる 医療行為とは

医療行為（医行為とは）

　医師や看護師などの免許を有するものが「業」として行なう行為（「医行為」ともいう）のことで、医師法第 17 条により、医師でなければ、医業をしてはならないことが定められています。

　施設での介護や在宅介護に従事する職員は、医療行為を行なうことはできません。しかし、障害者や高齢者の介護の現場では、医療行為にあたる行為とそうでない行為の線引きが曖昧なため、判断に困る事態がしばしば起きていました。例えば、湿布の貼付、体温測定、血圧測定など、私たちが日常生活を営む上で当たり前に行なう行為は、医療行為に含まれるのかが曖昧でした。そこでこうした混乱を避けるために、2005（平成 17 ）年 7 月厚生労働省から提示された「医師法第 17 条、歯科医師法第 17 条及び保健師助産師看護師法第 31 条の解釈について」によると、次にあげる行為は医療行為ではないとされ、介護職ができる仕事になりました。

1) 水銀体温計・電子体温計による腋下の体温測定、耳式電子体温計による外耳道での体温測定

2) 自動血圧測定器による血圧測定

3) 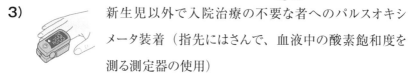新生児以外で入院治療の不要な者へのパルスオキシメータ装着（指先にはさんで、血液中の酸素飽和度を測る測定器の使用）

4) 軽微な切り傷、擦り傷、やけど等について専門的な判断や技術を必要としない処置（汚物で汚れたガーゼの交換を含む）

5) 軟膏の塗布（褥瘡の処置を除く）

6) 湿布の貼付

7) 点眼薬の点眼

8) 一包化された内服薬内服（舌下錠の使用も含む）

9) 座薬の挿入

10) 鼻腔粘膜への薬剤噴射の介助

11) 爪切り、爪やすりによるやすりがけ（爪と周囲に異常がなく、かつ糖尿病等の疾患に伴う専門的な管理が必要でない場合）

12) 歯ブラシや綿棒などによる歯、口腔粘膜、舌に付着した汚れの除去

13) 耳垢の除去（耳垢塞栓の除去を除く）

14) ストーマ装着のパウチにたまった排泄物の廃棄（ストーマ及びその周辺の状態が安定している場合等、専門的な管理が必要とされない場合には、肌に装着したパウチの取り替えも可）

15) 自己導尿の補助としてのカテーテルの準備、体位の保持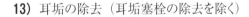

16) 市販の使い捨て浣腸器（いわゆるイチヂク浣腸）を用いた浣腸

　このうち、薬を用いる行為は事前に本人や家族からの依頼がある場合に

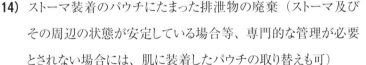

限られます。また使用する薬剤は、医師または歯科医師からの処方薬で、さらに、薬剤師の服薬指導や看護師からの指導をもとに使用されることとなっています。

　また、爪切りでも巻き爪や基礎疾患に糖尿病等がある利用者などは専門的な管理を必要とするため、医療行為にあたる場合があります。

医療的ケア

　さらに2012（平成24）年からは、指定研修および実地研修を修了した介護職に限り、下記のケアもできるようになりました。

（1）特定行為（実施できる行為）

・口腔内の喀痰吸引

・鼻腔内の喀痰吸引

・気管カニューレ内部の喀痰吸引

・胃ろうまたは腸ろうによる経管栄養

経管栄養

・経鼻経管栄養

（2）実施者

　この制度では、医師の指示、看護師等との連携の下において、

・介護福祉士（※）

・介護職員等（具体的にはホームヘルパー等の介護職員、上記以外の介護福祉士等）であって一定の研修を修了した方

　が実施できることになります。

※介護福祉士については2016（平成28）年度（2017（平成29）年1月の国家試験合格者）以降が対象

　つまり、介護職員が行なうことのできる行為は、2005（平成17）年7月

の通知で医療行為にあたらないとされている行為と、2012（平成 24）年4月から認められた範囲の医療的ケアということになります。逆に言えば、この二つの要件にあてはまらない行為は、行なうことができない、また依頼することができない行為となります。

コラム

介護職の医行為

　介護職は時として医行為が必要なケースにかかわります。

　かつて私もヘルパーとして現場に入っていた時、爪が伸びすぎて手のひらに食い込んでいる利用者を目の前にして、何度も事業所に「爪を切ってもいいですか?」と問い合わせたものの、事業所から「ダメ」と言われ、押し問答を繰り返した末、本人が痛がっているのに放って帰ることはできない……と、決して褒められることではありませんが、爪を切ったことがあります。

　現在、問題となっている少子高齢化や人口減少などを考えると、この状況を地域包括ケアで支えて行くには、介護職・介護福祉士が医行為を担うというより（当然重度化してくることを考えれば、そこでの判断や適切な医療職ときちんと連携するということはもちろん求められます）、生活環境整備や生活支援など、生活の基盤強化をきちんとしていくことが大切なのではないでしょうか。

　10 年後、20 年後、いや、100 年後の介護福祉士はどのような資格になっているのでしょうか。どのような方向性を目指していくのでしょうか。それを決めるのは今の介護福祉士です。"介護技術士"でなく、"医療介護士"でもなく"介護福祉士"としてのプライドを持って、「人間として生きていてよかった」と一人でも思っていただけるケアをぶれずに行なっていきましょう。

※ 本章でいう「医療行為（医行為）」とは、かつては医療行為でしたが、今は、医療行為ではないとされ、介護職も実施可能となりました。「ヘルパーが行なえる医療行為」という表現をしていますが、厳密には、医療行為ではなく、今は実施できるようになった行為のことを指します。

 ここがポイント　実際にケアを行なうなかで医療行為か否か判断に迷った場合は、ケアマネなどに連絡を取りアドバイスや判断を仰ぐようにすることが大切です

② ヘルパーが行なえる医療行為の考え方

医療行為（医行為）の大前提

医療行為は、医療職が実施するのが筋ですが、日常生活に医療的な管理が不可欠な高齢者や障害者が増えてきて、需要と供給のバランスを保つためヘルパーが条件づきではあるけれども、医行為の一部を担う必要が出てきたということが現実でしょう。

そもそも医行為とは、「医師法」によって、医師以外のものがしてはいけない行為のことです。これを犯したものには、3年以下の懲役または100万円以下の罰金が課せられます。もちろん、ヘルパーには当然、医行為が禁止されていました。しかし、ヘルパーは時として医行為が必要なケースにかかわります。痰が詰まっている利用者を目の前にして、痰吸引を行なわなければ呼吸停止の危険も伴います。また、家族としては当たり前に行なう吸引や栄養注入、爪切りや耳掃除、湿布の貼り替え、軟膏の塗布、薬の内服の介助など日常的な行為も医行為としてみなされ、利用者や家族からの要求に対しても応えることができないことになっていました。

その医行為の壁が在宅の ALS 患者からの要望で揺らぎ始め、2005（平成17）年に爪切り、湿布の貼り付け、軟膏塗布、座薬挿入、薬の内服の介助、浣腸などを、医行為から除外することとなりました。そして、医行為については法律の改正に至るまでさまざまな検討がされ続け、現在に至りました。

連携のなかで行なう
医療行為

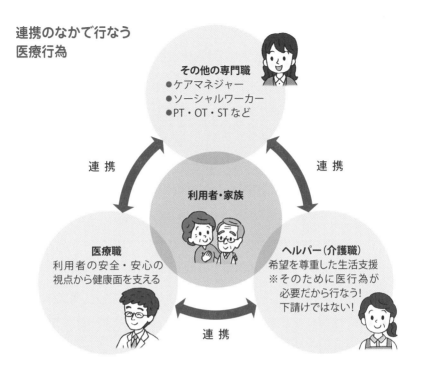

その他の専門職
- ケアマネジャー
- ソーシャルワーカー
- PT・OT・ST など

連携

連携

利用者・家族

医療職
利用者の安全・安心の
視点から健康面を支える

ヘルパー（介護職）
希望を尊重した生活支援
※ そのために医行為が
必要だから行なう！
下請けではない！

連携

　ただし、ヘルパーにとってただ医行為を引き受けることが "介護の専門性" を高めることではありません。介護福祉職はあくまでも福祉職であり、"生活""暮らし" を支える専門職です。そしてヘルパーの専門性は利用者の自立支援とQOLの向上にあります。ですから、医行為は、利用者の生活の幅を広げるため、安定した生活を行なってもらうために必要な行為だという大前提を見失ってはいけません。また、医療分野に介護が取り込まれることで、福祉のなかの介護力や生活支援力が弱まっていくとしたら、それこそ本末転倒です。

　例えば、障害や病気を一生抱えて生きる利用者の「自分の人生を生きたい」「このような暮らしがしたい」という思いや希望を、これまでの医療は、往々にして "健康のため""身体に無理をかけるから" と諦めざるを得ない状況

に置いてきたケースが多いのではないでしょうか。

　確かに医学的な見地、または安全・安心という視点から見ると正しいのかもしれませんが、生活というのは、ある程度、身体に無理をしてでもやってみたい、やり遂げたいという、本人の想いを尊重することがQOLの向上につながったりします。医療的な視点だけでは、利用者から見ると自分たちのしたい生活ができなくなってしまう場合もありえるのです。

　利用者の生きたい人生や生活を送っていただくために、病気や障害などがそれを阻害しているのなら、それを医行為で取り除くことで、利用者が望んでいる生活を営むことができれば、医行為は大きな力となるでしょう。だからこそヘルパーが行なう生活支援場面では、専門性の高い保健・医療・福祉の専門職の連携がいわれているのではないでしょうか。決して医行為の下請けを安い費用でやることではないはずですし、それでは利用者や家族の本当の意味での安全と安心は守れないはずです。

これからの介護福祉職

　　　サ責は、利用者や家族の全体像をしっかりとつかみながら、その状況に応じて、彼らが目指している生活を共にきちんとイメージしつつ、生活支援につなげます。その過程で、本人の日常生活場面での状況の変化を敏感に察知し、医行為の要・不要をきちんとアセスメントできる能力をつけていくことが、これからの時代に求められる介護福祉職の姿です。

> **ここが
> ポイント** 医行為は、利用者の生活の幅を広げるため、安定した生活を行なってもらうために必要な行為だという大前提を見失わないようにしましょう

プロの仕事術

第 **13** 章

① 提案力・説明力・交渉力

受け身ではなく根拠を持って提案する

利用者・家族に「やってほしい」と言われたからやる、ケアマネに言われたからやる、では「言いなり」のサ責です。言われたことをただやるのではなく、なぜこのケアが必要かサ責として分析し、必要な部分・不要な部分があれば提案しましょう。根拠を持ってケアを提供するのがプロのサ責といえます。

例えば、前と比べて痩せ傾向にある利用者に対して、生活状況からその理由を探ることができます。義歯が合わないのではないか、食事形態を柔らかいものにしたほうがよいのではないかなどを探るとともに、薬の副作用の可能性はないか、心配事はないかなど、さまざまなことを推測します。

ケアマネに体調の変化を報告するとともに、食形態の変更や配膳促しなどの対応が必要であれば合わせて提案します。家族に対しても日々の生活状況を聞くとともに、介護の専門職から見た見解や食事形態、食事提供方法の提案を行ないましょう。その際に本人の嗜好を把握し、できるだけ食が進むような方法を考慮するとよいでしょう。

説明して交渉すること

アセスメントの結果、なぜそのケア方法を提案するのか根拠が必要で、納得してもらうために「根拠の説明」が必要となります。

　そうした説明をするためにはある程度の基礎知識が必要です。提案した
ケア方法を説明し、納得してもらえるように交渉することが大切です。また、
根拠だけを並べるのではなく、そのケア方法が利用者にどんなメリットがある
のか、生活上の課題の解決につながるのか、真心を込めて利用者に伝えま
しょう。

ここが
ポイント　確かな知識が、提案・説明・交渉のカギとなります

② マネジメント力

ヘルパーのマネジメント

　　　　サ責の重要な業務の1つが、ヘルパーのマネジメントです。マネ
ジメントとは、物事を取り仕切って運営・管理することで、場をまと
める力や人を動かす力、チーム全体のスケジュールを管理する能力も含まれ
ます。つまり、ヘルパーのマネジメントとは、ヘルパーの管理や指導を通して、
サービスの提供に責任を持つことです。

　サ責の「責任」とは、事故やトラブルが起きた時にその責任が問われる
という意味ではなく、あくまでも訪問介護サービス提供全体における責任者
であることを理解しておきましょう。

組織の一員であること

　　　　サ責が、ヘルパーのマネジメント力を身につける上で、まずは自
らが訪問介護事業所という組織の一員であると自覚する必要があ
ります。サ責にその感覚が備わっていると、広く客観的な視点を持てるよう
になるため、ヘルパーに対して訪問介護におけるヘルパーの役割をしっかり
と伝え、適切な指導をすることができます。そうしたことが、ヘルパーの成
長へとつながり、ひいては、サービスの質の向上やサ責の仕事の効率アップ
につながります。

ヘルパーのマネジメント力

　　　ヘルパーのマネジメント力を身につけるための5つのポイントを紹介します（図表 13-1）。これらは、ヘルパーをマネジメントする上でも大切ですが、利用者と向き合うサ責のスタンスとしても重要です。

図表 13-1　ヘルパーのマネジメント力

① **ヘルパーをアセスメントする**：ヘルパーの介護技術から個性、性格、就業希望、利用者とのマッチング、ヘルパー同士の相性まで、ヘルパーの特色を把握すること
② **ヘルパーとのコミュニケーションを密にする**：ヘルパーは1人で訪問するため孤独と常に隣り合わせ。連絡を待つのではなくサ責から連絡を取り、ヘルパーとの信頼関係の構築につなげる
③ **指示やアドバイスは具体的に伝える**：「今日は何をどのくらい召し上がられていました？」「薬が変更になった場合は薬名を教えてください」など
④ **ヘルパーの言動の背景を探る**：計画では共に行なう掃除だったのが、買い物をしてきた場合、ヘルパーがなぜその行為を行なったのかまずは理由を聞く。もしかしたら買物支援の必要性が潜んでいる可能性もある
⑤ **なんでも1人でやろうとしない**：1人で抱え込まず、他のサ責やヘルパーに相談する。共有することで解決策が見つかることも多々ある

ヘルパーのマネジメント

①ヘルパーをアセスメント　②コミュニケーションを密に　③具体的に伝える
④ヘルパーの言動の背景を　⑤1人でやろうとしない

ここがポイント　サ責もヘルパーも組織の一員であることを自覚しましょう

3 訪問介護をデザインする

訪問介護をプロデュースする

 ケアは誰のものでしょうか。それは、まぎれもなく利用者のための ものです。

　介護保険だけではすべては賄えません。インフォーマルなかかわりも含め て利用者の生活全般をプロデュースすることになります。

　プロデュースとは「つくりあげていくこと」です。つまり、利用者のアセスメ ントを行ない、その結果から、利用者にとって適切な訪問介護計画を立案し、 サービスを提供することです。

　アセスメントの結果から、その利用者の目標を導き出し、目標を達成する ためにはどうすればよいかを考え、実行していくことが求められます。また、 利用者の生活をプロデュースするだけでなく、目的意識を持って仕事に取り 組めるヘルパーやサ責自身をつくりあげていくことも大切です。

コーディネートする

　コーディネートは利用者や家族、ヘルパー、ケアマネ、リハビリ職、 訪問看護師等と密に連絡を取り、コミュニケーションを図りながら円 滑にサービスが提供できるよう調整することです。

　プロデュースとコーディネートのどちらかが欠けても、サ責としての役割を 果たすことができません。

　仕事に取り組む姿勢として訪問介護をデザインすることを意識し、プロデュース・コーディネートに取り組んでみましょう。

服を着替えるように環境に対応する

　暑い時は薄着になり、寒い時には一枚羽織るなど気候に合わせて私たちは洋服を変化させ対応しています。これと同様に変化に柔軟に対応することが大切なのです。

　こうして、変化に対応する心構えとして意識しておくと、うまくいかないと思うことに対しても気持ちに余裕ができ、対応することができるでしょう。

プロデュースとコーディネート

ここが
ポイント　サ責にはプロデュース力とコーディネート力が必須の能力です

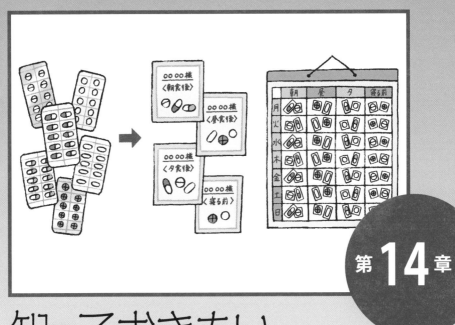

第14章

知っておきたい
薬の知識

1 介護職に求められる薬の知識

介護職の業務範囲の拡大

病気があっても自宅や施設で療養し、住み慣れた場所で最期まで過ごすことが望ましいといわれており、介護の仕事は療養を継続するためにも重要性を増しています。介護職の業務範囲は拡大し、一部の医療行為も行なえるようになっていますので、サ責にも医療や薬に関する知識がある程度は必要になっています。しかし、サ責に限らず介護職はそのような知識を深く学ぶ機会が少なく、現場で戸惑うことも多いのが現状です。「何となく知っている」程度の知識のままでは、ケアを行なう際に不安を感じることになるでしょう。

膨大な医療や薬に関する知識のすべてを、サ責が理解する必要はありませんが、基本的な知識を理解することによって、ケアの質を大きく向上することができます。

チームケアの一員として

利用者を支えるチームの一員として医師、看護師、薬剤師などの医療職、ケアマネや介護福祉士、ヘルパーなどの介護職、そして行政の職員などが、チームを組んで介護を必要としている人のケアに当たる「チームケア」を実践するには、それぞれの専門職がきちんと自分の役割を果たすとともに、お互いの専門性を尊重し、理解することが何より大

切です。

　在宅でも施設でも、他のどの職種よりも利用者の日常生活に密着している介護職が適切なケアを行ない、多職種へタイムリーな情報提供をすることで、チームケアが向上します。そのためにも医療や薬の知識を身につけておきましょう。

ここがポイント　ケアの質とチームケアの質の向上のために基本的な知識を学ぶことが大切です

② 薬の効果と副作用

薬の吸収、分布、作用、代謝

　　　　　基本的に内服薬の場合、飲んだ薬は血液とともに全身をめぐり、作用します。例えば、鎮痛薬を飲んで頭痛が治るのは、服用した薬の有効成分が小腸から吸収され、血液の流れに乗って痛みの中枢がある脳にたどり着き、効果を発揮するからです。鎮痛薬の他に、睡眠薬なども、同じように血液によって脳に運ばれ作用します。

　また、薬には、大きく分けて内服薬以外に、外用薬や注射薬があり、外用薬は、皮膚や粘膜の表面から吸収されて効果を発揮し、注射薬は、無菌状態の薬を皮下や皮内、筋肉内、血管内に直接投与する方法で、速やかに効果を得ることができます。これらの薬は図表14-1のように作用します。内服薬であれば、まず胃のなかで溶け、小腸から吸収されて肝臓を通過し、血液の流れに乗ります。そうして血液とともに全身をめぐり、必要な場所（作用部位）で"効く"のです。その後、ある程度の時間がたつと、尿や便から体外へ排泄されます。

薬の主作用・副作用

　　　　　薬には必ず主作用と副作用があります。主作用とは、その薬本来の目的の働きのことで、鎮痛薬なら痛みを鎮めることです。一方、副作用は本来の目的以外の好ましくない働きのことです。薬の副作用は身

体中のどこで起こってもおかしくなく、副作用のない薬はないといわれています。鎮痛薬の場合では胃炎など消化器系の副作用がよく見られます。

　薬ごとに出やすい副作用がありますが、前述したように薬の成分は全身をめぐるため、身体のどこで副作用が起こっても不思議ではありません。特に、小腸から吸収された薬が通過する肝臓、体外に排泄される時に通る腎臓は副作用の起こる危険性が高い臓器です。肝臓や腎臓の機能が衰えている高齢者はとりわけ注意が必要なのです。

図表 14-1　薬の吸収・分布

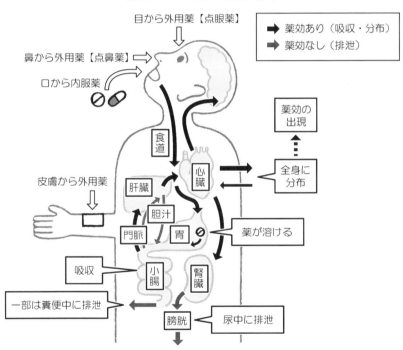

 薬には必ず主作用と副作用があります

3 服薬管理

薬の用法と用量を守る

　　　　　薬は、副作用を最低限に抑えながら、最大限の効果を発揮できるようにつくられています。それを活かすためには、決められた「用法」と「用量」を守って使用することが重要です。「用法」とは、投与する日数や回数、服用するタイミング、投与方法（飲む、貼る、点眼するなど）など、その薬の正しい使い方のことでこれを間違えると正しい効果を得られないリスクがあります。また、「用量」とは、1回分（もしくは1日分）の投与量と、1日の投与回数のことです。服用した薬が期待する効果を示すかどうかは、薬の有効成分が血液中にどれくらい含まれているか（血中濃度）によって左右されます。薬の量が少ないと血中濃度が低くなり、十分な効果が得られず、また多すぎると血中濃度が高くなりすぎて副作用の危険性が増します（図表14-2）。

正しく服薬しているか確認する

　　　　　服薬管理で大切なことは、まず、薬袋や薬局から発行された説明書（「お薬情報」など）に記載された「用法」「用量」を確認し、次に、本人がそれを守って使用しているかを確認することです。

　高齢者は、薬を飲み忘れたり、飲み間違えたりすることが少なくありません。そのような場合にどう対処すればよいか（気づいた時点で飲む、1回分休

薬するなど）は、薬の種類などによって異なるので、医師や薬剤師に正しい対処法を確認しておきましょう。自己判断から誤薬してしまうと、体に害を及ぼし、状態の急変を招くことにもなりかねません。

　訪問看護師や薬剤師の服薬管理が入っていればよいのですが、そうではない利用者の場合は、介護職の観察が重要になります。

図表 14-2　薬の効果と成分の血中濃度

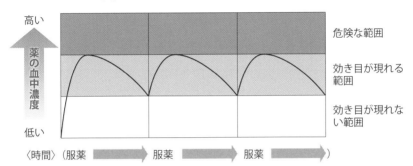

ここが
ポイント　薬を正しく服薬できているか観察しましょう

4 効果的な薬物療法のために

服薬介助のミスを防ぐには

その人に処方されている薬を正しく把握し、ダブルチェックなどの体制を整えることが大切です。また、1回ごとに服薬する薬を、一包化したり、1日1回の服薬にまとめたりすれば、間違いにくくなります。そうしたことが可能かどうか医師や薬剤師に相談してください。

誤薬が与える悪影響は大きい

介護職が行なう服薬介助は、薬の準備から声かけ、確認、片づけまでです。内服薬については、一包化された薬（舌下錠を含む）の服用を介助することができます。

外用薬については、皮膚に軟膏を塗ること、皮膚に湿布を貼ること、点眼薬（目薬）の点眼、肛門からの坐薬挿入、鼻腔粘膜への薬剤噴霧が服薬介助で可能です。

誤薬は内服薬で起こりやすく、種類・用法・用量の間違いや、他の利用者の薬を間違って飲ませてしまうというミスが多いようです。要介護の高齢者は、いくつも持病を持ち、何種類もの薬を飲んでいることが多い一方で、体力などが弱っているため、誤薬が体に与える影響も大きくなります。

誤薬防止には二重三重のチェック体制が有効

　　　　　　　誤薬を防ぐためには、利用者に処方されている薬を正しく把握することが重要です。何の薬を飲んでいて、いつ服用するのかなどがわかっていないと、そもそも誤薬に気づくこともできません。また、時間のない時には、事故が起こりがちです。十分な余裕を持って服薬介助しましょう。その上で、「薬のセッティング」「薬を配る」「薬を飲むのを介助する」という服薬介助の過程で、二重、三重のチェック体制を整えることが有効です。この過程を1人で行なってしまうと、例えば薬のセッティングの時点で間違えても、最後まで気づきにくいのです。絶対に間違わない人などいません。誤薬防止対策は、人が行なう限りどこかでミスは起こり得るという前提で、二重三重の確認体制をとるのが基本です。また、違う職種の人と一緒に確認するクロスチェックも思い込みによる間違いを防ぐのに有効です。

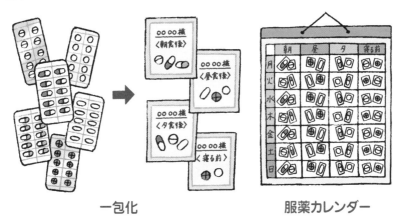

一包化　　　　　　　　　　　服薬カレンダー

ここが ポイント	二重、三重のチェック体制で誤薬を防止することが大切です

5 飲み忘れ対策と飲み忘れた時の対応

服薬介助はヘルパーや訪問看護師の訪問時に

 在宅療養の人の薬物療法で問題になることが多いのは、飲み忘れです。これは、医療・介護連携で対応していきましょう。

最も効果的な「飲み忘れ対策」は、毎回、薬を手渡しして目の前で飲んでもらうことです。服薬を手助けする家族がいない一人暮らしの人などの場合は、ヘルパーや訪問看護師の訪問と、服用のタイミングを合わせることで、この対策が可能になります。しかし、ヘルパーや訪問看護師が1日に何度も訪問できるとは限りません。そこで、飲み忘れしやすい人の場合は、医師や薬剤師に相談して、1日に飲む回数が少なくてすむ薬に変更してもらうことを検討します。例えば、1日2回飲んでいる高血圧の薬を、1日1回のものに変えてもらうといった具合です。1日3回よりも2回、2回よりも1回の方が飲み忘れは少なくなります。

利用者の生活パターンに合わせる

その人の生活パターンに合わせた服用にすることも大切です。食事の回数や時間は人によってさまざまですし、1日2食が習慣という人だっています。そのような人に、1日3回毎食後といってもなかなかうまくいきません。利用者の一番身近でケアをする介護職がその人の生活パターンを把握し、医師や薬剤師に伝えることによって、利用者の生活パターンと、

ヘルパーがケアに入る時間に合う薬が選択され、飲み忘れを減らせる可能性があります。

　もし飲み忘れてしまった場合は、薬の種類によって対応が異なるので、対応を医師や薬剤師に確認しましょう。

図表 14-3　介護職と薬剤師の連携

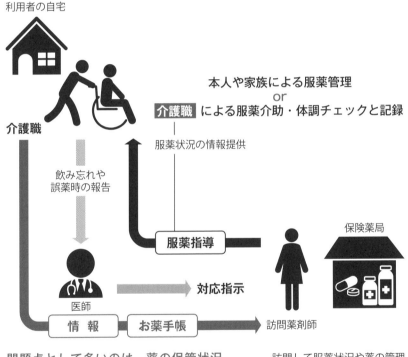

問題点として多いのは、薬の保管状況、服用薬剤の理解不足、薬の飲み忘れなど

訪問して服薬状況や薬の管理状況などを確認➡問題点をアセスメント➡改善

ここがポイント 飲み忘れる原因を探って、医療・介護連携で対応しましょう

多職種連携・チーム ケア

第**15**章

1 多職種の思考を知る

お互いの役割を知る

　多職種との円滑な連携を図るには、まず介護職が各専門職種の役割を知ること、多職種に訪問介護の役割を理解してもらうことが重要です。そして、それぞれの役割を把握することで、1人の利用者に対する見方を共有できる部分が必ず出てくるはずです。

　その共有できる部分をテコに、その先でそれぞれの専門職としてどのような対応ができるかを考えることが多職種連携の第一歩となります。

医師…人々の心と体の健康を支えること。チームの司令塔

訪問看護師…住み慣れた環境で療養が行なえるようサポート。チームの要

薬剤師…薬のエキスパート

理学療法士‥身体動作の専門家

作業療法士…心と身体のリハビリ専門家

言語聴覚士…話す、聞く、食べるの専門家

ケアマネ‥介護保険サービスと利用者のつなぎ役　など

多職種との情報共有

　1人の利用者に関する情報をそれぞれの職種の視点を通して共有することで、介護職だけでは見えなかった利用者の一面や医

学的所見に基づく療養の方向性の理解につながったりします。

　逆に介護職は「生活」を見る視点が強くあり、各専門職が持っていない多くの情報を得ていることを自覚しましょう。

　違いがあるからこそ連携（つながり）が必要となり、1人の利用者に対してどのようにアプローチしていくのか情報共有することが大切です。

　また、他の職種が使う専門用語で私たちでもわからない用語は利用者・家族も理解していないことが多々あります。「わからない」ことや言葉を他の専門職に問うことも介護職として役割の1つだと考えます。

　立場の違いや相互理解には「わからない」ことの共有も必要なのです。

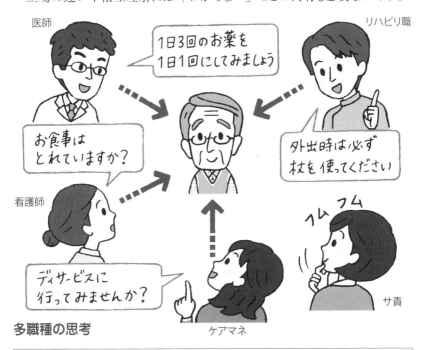

多職種の思考

> **ここが ポイント** それぞれの見方を大切に利用者を理解します。相互理解には「わからない」ことの共有も必要です

② 多職種とのチームケア

切れ目のない在宅療養

 　在宅サービスはそれぞれが点でのサービスを行なうため、点を
つなげることで利用者の全体像を把握することになります。

　特に看取り期はタイムリーな情報共有がカギとなり、スピード感が大切で
す。時間を置きすぎてからの報告では1分1秒の状態変化に対応しきれない
ため、変化がある時点で報告・連絡・相談をしましょう。ケアマネを通じた
報告は伝言ゲームとなりがちで情報にタイムラグが生じてしまうため、あらか
じめ担当者会議で、あるいはケアマネに訪問看護師と直接、連絡を取るこ
との承認を得ておきましょう。切れ目のないサービスを提供するために訪問介
護は1つの鍵といえるのです。

チームの一員としての意識

 　ヘルパーは1人で訪問するため孤独を感じやすく、事業所内で
のチームはもちろん、自分が在宅チームの一員であることを認識す
ることが難しいものです。だからこそサ責はヘルパーに対して在宅チームの
ケア方針や方向性を示し、チームケアでのヘルパーの役割を認識してもらう
ことでチームの一員だという自覚を促しましょう。在宅チームの構成は1人1
人異なり特性があることも伝えておきましょう。

　チームケアとしての意識があると報告内容にも変化が出てきます。

　どの職種にどんな報告をするのかを判断するのはサ責の役目です。日頃からチームとの連携（つながり）を意識して利用者をアセスメントするとよいでしょう。

ここが
ポイント　ヘルパーにチームの一員であることの自覚を促すのもサ責の役割です

3 家族支援

家族もチームの一員

施設サービスと在宅サービスの大きな違いの1つとして、在宅では、チームに利用者本人と家族が入っていることが挙げられます。そして、そこでは家族の意見が大きく利用者の生活を左右します。

キーパーソンや家族に対しての支援をすることは、間接的に利用者への支援となります。そのため、家族自身へのアセスメントも行ない、利用者本人に対する思いを確認することがケアの方向性に向けて重要となります。

例えば、認知症の利用者に対するケアは、家族が担う役割が大きいため、家族支援の視点がなければ在宅生活の継続は難しくなるでしょう。家族の理解度・認識度も把握した上で対応を検討しましょう。

また、ヘルパーから家族へ介護技術や介護方法を伝達したり、家族と相談しながらケア方法を決めたりすることも家族支援の1つになります。

利用者・家族の気持ちに寄り添う

利用者・家族は、在宅生活を継続していくにあたり、これから先どのような方針で暮らしていくのか、このまま在宅で生活していくのか、あるいは、施設入所を選ぶのか、引っ越しをするのかなど、選択肢があればあるほど苦悩が多くなり、そのために葛藤している利用者・家族が介護現場には大勢います。それを目の当たりにする私たちも、これから、ど

のような介入をしていくのか戸惑うことも多くあります。

　その反面、「医師にこう言われたけどどうしよう」「看護師からこう言われたけどよくわからない」「ケアマネからこう言われたけど、どうなのかしら」と利用者・家族の本音が聞けるのは訪問介護ならではだと思います。こうした場合は利用者の気持ちをチームで共有したり、または療養の方向性をヘルパーから利用者・家族へ説明したりすることで解決する場合があります。いずれにしても、利用者・家族の思いや気持ちに寄り添うことが大切です。

　ここではチームの方針を把握しておくことが重要ですが、それよりも、チームの中心には利用者・家族がいることを忘れてはいけません。

コラム

ACP（アドバンス・ケア・プランニング：人生会議）

　ACP はこれまで、アドバンス・ケア・プランニングとして、普及・啓発が進められてきましたが、より浸透するようにということで「人生会議」という愛称が用いられています。

　日本老年医学会は「ACP は将来の医療・ケアについて、本人を人として尊重した意思決定の実現を支援するプロセスである」と定義していますが、要は自らが望む人生の最終段階について、利用者と家族が、医療職や介護職等と一緒に話し合っておこう、というプロセスのことです。

　死を前にした人の気持ちは必ず揺れます。その時の心情や環境によって気持ちが変化することを前提に、何度も繰り返し考え、話し合うことが大切です。話しづらい内容でも、身近な介護職になら話してくれるかもしれません。そうした思いを逃さずに、チームで共有した上で、利用者、家族の思いに寄り添い、尊厳を持って人生をまっとうできるように支援することがACPの目標なのです。

> **ここが ポイント**　在宅では家族もチームの一員。利用者・家族の苦悩に寄り添い、その本音を聞いたら、チームで共有することが大事で

4 サービス提供責任者の専門性

サービス提供責任者の専門性とは何か?

　　　　第1章でも述べましたが、サ責はどんな仕事で、どのような役割のある職種なのか、利用者・家族・多職種にどのように説明するか自分なりの考えを日頃からまとめておくとよいでしょう。

　サ責の独占職種である介護福祉士のこれからのあり方として、介護職チームのリーダー、多職種との連携など統括的なマネジメントが求められています。

　訪問介護は身体介護・生活援助だけを提供するのではなく、利用者の生活全般にわたる援助を行なうこととされています（老企第25号）。

　「利用者が自宅で過ごす姿を一番近くで見つめ、その生活を見守ることに尽力できる職種」である訪問介護。サ責としての自己研鑽を忘れず専門性を追求していくことが必要です。

専門職として語ること

　　　　訪問介護は、自宅で過ごすありのままの利用者の姿を目の当たりにしています。そして、地域に根ざして活動しています。利用者とも、地域とも密着している訪問介護の専門職として、私たちは、地域包括ケアシステムをどのような方法で展開していくのか、地域で活躍しているヘルパーの声を集め、サ責1人1人が地域環境、利用者の状態や状況を語

れることが専門職としての1つの大きな役割です。

　自分たちの地域にはこんな特性がある！　ここをもっと改善したほうがよい！　など地域のことも含め自分たちの視点を発信することが専門性の確立には必要となります。そのためには、介護を熱く語れる仲間をつくることが一番のスキルアップとなります。

図表 15-1　自分の言葉で語ろう

1．サ責は何をする仕事？

2．訪問介護の役割って一体何？

3．あなたにとって一番重要なサ責の役割は何？

 ここが ポイント　サ責とは何か？　を日頃からしっかり考えて自分の言葉で語れるようにしておきましょう

サービス提供責任者 あるある ～お悩みQ&A～

Q1

訪問介護計画書に書いていないことをヘルパーが
勝手にやってしまう

　これは、サ責の一番の悩みの種だと思いますが、事態が発覚した際にヘルパーを責めるのではなく、まずは事情を聞きましょう。例えば、「利用者の体調が悪く、食事準備が難しいと判断したため冷蔵庫内にあるもので調理をし、提供した」など、根拠があり必要性があって対応しているとサ責が判断した場合は、訪問介護計画書の追加・変更をしましょう。ケアマネに報告し、ケアプランの追加・変更の提案と相談も必ず行ないましょう。

　しかし「かわいそうだからいつもはやらないけど掃除機がけの対応した」など「感情を優先して対応した」場合には、再度ヘルパーに指導が必要です。あくまで仕事としての対応であること、訪問介護計画書に沿って対応をすること、その行為をすることでのデメリット（家政婦扱いされる可能性）などを説明しましょう。それでも修正が難しい場合はヘルパーを交代する、もう1人ヘルパーを介入させる、しばらくサ責が対応するなどの措置を検討しましょう。

（関連項目：第13章第2節）

> ヘルパーが「なぜその行動を取ったのか」事情を聞き、背景を探ってみることが大事です。

Q2

ヘルパーからの情報（報告）がなく利用者情報が伝わってこない

　待っているだけでは情報はやってきません。サ責からヘルパーに対して日頃から「○○さんはどうですか?」と情報を取りに行きましょう。ヘルパーとの雑談から思わぬ情報が得られることが多々あります。

　忙しくてなかなかヘルパーとコミュニケーションを取れない場合は、ヘルパーが介入している時間にモニタリングを行なうなど、意図的に訪問して様子を見たり、またはメールなどを活用したりすることも有効でしょう。

　報告がないのは、ヘルパー自身が利用者に対する「訪問介護の介入の意味」を理解していないからである場合もあります。なぜヘルパーが介入しているのか目的を伝えることをしてみましょう。

　連絡を取り続け、利用者の課題が見えてくると、今度はヘルパーから報告・連絡の相談が増え、利用者情報の把握がしやすくなるでしょう。

（関連項目：第 8 章第 3 節）

こちらから情報を取りに行くコミュニケーションを重ねましょう。

Q3

技術力がないのでヘルパーの指導や研修ができない

　　　　サ責自身の力量不足を感じる場合、その研修をサ責が指導することにこだわらず、他者に委ねたり、あるいはサ責自身も疑問に思うことや知識として不足していると感じる部分について参考書をコピーしたり、インターネットで検索した内容を配布したりするなどして、共に学ぶことも有効です。

　　また、内部研修だけで完結しようとせず、自治体の外部研修などにヘルパーが参加できるよう手はずを整える、または、サ責が受講した研修の伝達講習を行なうなどの方法もあります。

　　まずは、介護技術や訪問介護における参考書、介護雑誌を手に取ってみましょう。誰かの真似をすることは恥ずかしいことではありません。むしろ、真似をして同じことをするという行為は正確性が必要となり実は容易なことではないのです。サ責として研鑽を重ねる姿勢がヘルパーからの信頼にもつながるでしょう。

（関連項目：第8章第5節）

自分自身も研鑽を重ね、外部講師や外部研修も活用することも検討する、
共に学ぶ姿勢も必要です。

Q4

代行サービスばかりで本来のサ責業務ができない

　　　運営規定上、スポットでの代行サービスではなく定期での訪問サービス（支援）はサ責もヘルパーとして換算されます。そのためサ責としての配置基準を満たしているか確認しましょう

　人手不足で行かざるを得ない現状もあると思いますが、サ責が疲弊してしまったり、本来の業務が遂行できないと訪問介護事業そのものに支障をきたしかねません。サ責が不在となることで、連絡が滞り、通常の連絡がままならないどころか、事故対応やクレーム対応が遅くなって状況が悪化してしまうことも想定されます。サ責の本来の業務は何をすることなのか、きちんと理解し、その上で代行に入る、費用対効果と基準について検討しましょう。

　可能であれば、担当ヘルパーと自分以外にもう1人、その利用者のことがわかるヘルパーを用意しておき、担当ヘルパーが急に休んだ場合の備えをしておくことも代替案の1つです。

> 可能であれば、利用者に対してチームをつくっておくことが理想的です。

Q5

利用者からクレームがあった時、
ヘルパーにうまく注意できない

　クレームの内容がヘルパーの対応であった場合は、まずは、ヘルパーの言い分も聞いた上で、対応の仕方に問題があれば、注意、指導をします。どうしても、その修正が難しい場合は、担当の変更も検討します。ヘルパーのどの対応、どのケア方法が不適切だったのか、根拠を持って伝えることはサ責の業務の一環であり、必要な能力です。

　一方で、利用者や家族の思い違いであったり、こちらは正規の手順を踏んでいても利用者にとっては「やり方が気に入らない」といった場合もあるでしょう。利用者、家族とヘルパーの「相性」もあります。そのあたりも十分に意識した上でかかわるようにしましょう。

　ヘルパー自身も何か感じていることがあるはずです。利用者の声だけではなくヘルパーの声も必ず聴きましょう。ヘルパー個人を「注意」するのではなく、利用者に対する対応方法の不備について伝える気持ちで話をすることが大切です。それが、ヘルパーの成長につながると信じて、恐れずに伝えましょう。

> 利用者とヘルパー両者の言い分をきちんと聞き、ヘルパーの成長の機会と考えて、言うべきことをしっかりと伝えます。

Q6

ヘルパーにチームの一員という自覚がない

　　　訪問介護では、ヘルパーは 1 人でサービスに入るため、どうしてもチームの一員であるという意識が生まれにくいものです。しかし、在宅介護はチームケアであり、自分以外にも、医師や訪問看護師、ケアマネ、リハビリ職などがサービスを展開しています。そのことを意識づけるのに効果的なのが、連絡ノートの活用です。誰がどのようにかかわっているか見える化することでチームの一員としての意識が芽生えるでしょう。

　また、日々の指示のなかで、多職種の存在を意識づけるような内容を入れてもよいでしょう。例えば、「今日、訪問看護師が何をしたか、利用者さんに聞いてきてください」といった具合です。

　その他、訪問介護計画全体のなかで、どんなことを目的にして、自分がケアを行なうのかを理解してもらうことも、チームの一員という実感を得られるアプローチの1つでしょう。

（関連項目：第15章第 2 節）

連絡ノートや日々の指示でチームケアを意識づけましょう。

Q7

医療職に対して遠慮がちになってしまう

医療職とは直接会って話す機会は少なく、ケアマネ経由でコンタクトを取るサ責も多いでしょう。サ責が直接コンタクトを取る機会は、担当者会議です。医療職に対して質問や相談がある場合は、この機会を活かして、家族やケアマネの前でしっかり確認しましょう。

　この機会に、必要があれば、直接相談してよいか、医師や訪問看護師に問い合わせておくのもよいでしょう。ケアマネを通さない分、迅速な対応が可能となります。もちろん、その場合でもケアマネへの事後報告は必須です。

　医療職と日頃からコンタクトを取ることは、ケアの向上にもつながりますので、担当者会議を大いに活用しましょう。

（関連項目：第15章第2節）

直接話せる担当者会議の機会を活用しましょう。

Q8

 不要と思われる内容の依頼をしてくるケアマネにどう対応してよいかわからない

　課題解決のための大きなプランニングを行なうケアマネと、具体的な介護計画を立て、実践するサ責とで、内容に温度差が出てしまう場合があります。

　時には、ケアマネが利用者の現状に即していないプランを提示してくる場合や、ケアマネが利用者の状況をすべて把握できていない場合もあるかもしれません。そうした場合には、サ責の強みを活かして、訪問介護の視点でアセスメントした内容をベースに、自分の考えを伝え、情報を提供しましょう。

　もちろん、対等に意見交換を行なうためには、確かなアセスメント力が必須です。この土台がしっかりしていれば、多職種に対して自信を持って意見を伝えることができるでしょう。

（関連項目：第13章第1節）

大切なのは、アセスメント力を磨いて、対等に意見交換できる力を養うことです。

索引

執筆者一覧 （執筆順・*は編著者）

黒澤加代子＊（介護福祉士） ……………………… 第1章・第13章・第15章・第16章
社会福祉法人うらら　みずべの苑訪問介護事業所　サービス提供責任者

深石しのぶ（介護福祉士） ……………………… 第2章・第3章・第9章・第10章
区民介護株式会社ほのぼのステーション赤羽　サービス提供責任者

八木裕子＊（介護福祉士・社会福祉士） …………… 第4章・第11章・第12章
東洋大学　准教授
（訪問介護事業所　元ホームヘルパー）

奈良環＊（介護福祉士） ……………………… 第5章・第7章
文京学院大学　准教授
（訪問介護事業所　元サービス提供責任者・管理者）

金山峰之（介護福祉士・社会福祉士） ……………… 第6章・第8章
株式会社ケアワーク弥生　課長

河村雅明（医師） ……………………………… 第14章
医療法人社団弘成会　河村内科院長

よくわかる
サービス提供責任者のお仕事入門

2020年4月10日　初 版 発 行
2022年10月1日　初版第2刷発行

編　著　八木裕子・黒澤加代子・奈良環
発行者　荘村明彦
発行所　中央法規出版株式会社
　　　　〒110-0016
　　　　東京都台東区台東3-29-1 中央法規ビル
　　　　03-6387-3196
　　　　https://www.chuohoki.co.jp/

印 刷 製 本　株式会社ルナテック
本文デザイン　スタジオ・ビィータ
装幀デザイン　スタジオ・ビィータ／小松聖二
装幀・本文イラスト　北垣絵美／イオジン

ISBN 978-4-8058-8122-4